Summa de arithmetica, geometría, proportioni et proportionalita

PARTICULARIS DE COMPUTIS ET SCRIPTURIS

Luca Pacioli
Publicado en el año 1494
Traducción al Español de Carlos Urbina, realizada en 2023.

Dedicatoria del Traductor:

Dedico esta traducción a Mariapaz, Matías y Patricia, quienes en términos biológicos son mis hijos, pero en términos contables son mi más preciado patrimonio.

Introducción a la traducción de 2023.

Particularis de Computis et Scripturis fue originalmente Publicado como una sección del libro la Summa de arithmetica, geometria, proportioni et proportionalita[1].

El libro fue publicado en 1494 en Venecia, Italia por Paganino de Paganini. Su autor, Frai Luca Pacioli, había aprendido contabilidad en esa ciudad como asistente del comerciante hebreo Rompiasi y tutor de sus hijos.

La traducción que usted está leyendo fue realizada en Panamá por Carlos Urbina, Contador Público Autorizado y Traductor Público Autorizado. Para esta traducción tomamos el texto en inglés según fuera traducido por John B. Geijsbeek en el año 1914. Esta traducción al inglés de Geijsbeek es de dominio público, al ser publicada en 1914 en Estados Unidos (país donde se publicó) y en otros países también es de dominio público.

En adición a la traducción de Geijsbeek existen otras al inglés. Entre estas la de Pietro Cravelli de 1924, la de

---

[1] El 11º Tratado de la Sección Novena.

R. Gene Brown junto a Kenneth S. Johnson de 1963 y la de 1994 de Jeremy Cripps patrocinada por la Pacioli Society de Seattle. En el pasado más remoto existieron otras no disponibles en el Inglés moderno como la de Hugh Oldcastle de 1543[2] y de John Mellis de 1588.

Uno de los primeros traductores de Pacioli fue el holandés Jan Ympyn Christoffles quien además de traducirla a su idioma parece haberla traducido al inglés y al francés[3].

Al español la obra de Pacioli se tradujo en 2009 por Esteban Hernández Esteve, bajo el auspicio de la Asociación Española de Contabilidad y Administración de Empresas.

En el italiano se ha adaptado del Italiano Antiguo de Pacioli al moderno por el Profesor Vicenzo Gitti en 1878. Adicionalmente se han realizado traducciones a virtualmente todos los idiomas de importancia.

Según Jane Gleeson-White existen traducciones a, por lo menos, 14 idiomas[4].

Nuestra traducción no pretende competir con ninguna de las traducciones arriba mencionadas. La razón de nuestra traducción es el uso que le daremos como libro introductorio en nuestros cursos de contabilidad del Instituto Técnico Superior Antequera.

Escogimos el texto de Pacioli para nuestras clases por dos motivos. El primero es su valor histórico y el

---

[2] R. Gene Brown y Kenneth S. Johnson le llaman a esta la traducción de Christoffles refiriéndose al traductor Holandés.

[3] Esto según lo mencionan R. Gene Brown y Kenneth S. Johnson.

[4] Double Entry. How the Merchants of Venice Created Modern Finance. Jane Gleeson-White. Página 92. Publicado en WW Northon Company. Años 2012. New York, EE.UU.

segundo la brevedad de sus capítulos. Esto último hace más fácil captar la atención del estudiante. Intencionalmente hemos dividido los párrafos del original con la intención de hacer más digerible al lector la obra de Pacioli.

El financiamiento de esta traducción fue provisto por el Instituto Antequera dentro del Proyecto Pacioli. Este proyecto incluye una serie de videos que explican la obra de Pacioli y su vida.

Acerca de Pacioli:

Lucca nació en San Sepolcro[5], un pueblo de la Toscana Italiana. Asumimos que nació en el año 1445 sin que se hayan encontrado pruebas definitivas sobre esa fecha[6]. Su familia era pobre y se sabe poco o nada de ella, salvo que su papá se llamaba Bartolomeo Pacioli y que fue criado parcialmente en la casa de una familia llamada Befolci[7]. El apellido Pacioli no necesariamente era usado en forma consistente por Lucca. Al igual que muchos de los apellidos de la época eran cambiados con frecuencia por lo que fácilmente se podía llamar Lucca Pacioli cuando vivía en San Sepolcro, pero cambiarlo a Lucca de Borgio cuando vivía en Venecia[8].

---

[5] Originalmente se llamaba *Borgo del Santo Sepolcro*. Está ubicada en la provincia de Arezzo. Pacioli llegó a mencionar a su pueblo natal en la Summa (capítulo 9).

[6] R. Emmett Taylor. No Royal Road, Luca Pacioli and His Times. UNC Press. Publicado en 1942. ISBN 978-1-4696-1324-6R. Emmett Taylor indica que esa fecha se sustenta en que Pacioli decía, para el año 1508, que tenía 40 años trabajando en matemáticas, lo que haría 1464 su año de inició. De aquí la misma autora indica que hay varias fuentes que señalan que llegó a Venecia (donde fue tutor de matemáticas) con algo menos de 19 años. Restamos estos 19 años y tenemos 1445 como su fecha de nacimiento. Ver: No Royal Road. Página 9.

[7] El jefe de esa casa era Folco de Befolci. Taylor en su libro sobre Pacioli, aunque reconoce que no se sabe en qué capacidad estuvo en la casa de Befolci, especula que a Pacioli se le puso como asistente en los negocios de ese señor y por esa razón fue, a edad temprana, diestro en el comercio (ver página 15).

[8] Esta es la razón por la que las publicaciones no mencionan Pacioli en todas las ediciones.

San Sepolcro tenía para ese tiempo a un famoso pintor, Piero de la Francesca, con un estudio donde realizaba sus obras. La especulación tiene a Pacioli como aprendiz de Piero de la Francesca sin que existan datos precisos sobre si en realidad esto pasó.

Lo que parece ser cierto es que algo de educación tuvo Pacioli en Sancepolcro ya que el destino lo llevó a conocer a Antonio de Rompiasi, que alguna buena aptitud vió en él y lo contrató. Rompiasi era un hebreo de Roma que estaba establecido en Venecia. La importancia de este encuentro es que Rompiasi le enseñó contabilidad desde la práctica ya que tenía que llevar los libros que todo comerciante Veneciano estaba obligado a llevar. Aquí Pacioli conoce el mundo del comercio y el mundo del registro contable en lo que era el centro de comercio mundial en esa época.

En el año 1470 muere Rompiasi y Pacioli se traslada a Roma. Ahí se reencuentra con el que presumimos era un viejo conocido, el paisano de Sansepolcro, Piero de la Francesca, que lo introduce a Leon Battista Alberti. Alberti era una especie de secretario personal del papa en el Vaticano, puesto al que le llamaban Abreviador Apostólico. Este puesto de secretario era muy importante ya que servía de comunicación entre el Papa y sus Obispos.

Alberti llegó a trabajar para tres papas[9] y desarrolló una actividad cultural muy amplia que involucraba la arquitectura, pintura, perspectiva, diseño y escultura. En este mundo encajaba perfectamente bien Pacioli. En los años de esta amistad con Alberti, este le presentó al mismo papa a Pacioli.

---

[9] Eugenio IV, Nicolás V y Pío II.

Este papa era Pablo II, el papa de la época, que convence a Pacioli de convertirse en Fraile Franciscano.

Esa fue la vida de Pacioli anterior a la Summa Aritmética.

Su trabajo como fraile lo llevó a ser profesor en Perugia. Aquí enseñó matemáticas y en esa cátedra desarrollo la Suma Aritmética como libro de texto para sus clases. Esta fue una obra de matemática que tuvo un capítulo de contabilidad. Este es el texto fundacional de la contabilidad.

Luego de la Summa, Pacioli conoció a Leonardo Davinci que pidió al mismo Ludovico Sforza para que lo llevase a Milán. Colaboró con Davinci en Divina Proporcione con una amistad de más de 7 años. Leonardo incluso consultó con Pacioli las técnicas que usaba para realizar el cuadro "la última cena"[10].

Luca también escribe sobre magia, otro libro sobre ajedrez y otro sobre geometría. En varias ocasiones he escuchado el símil de que la obra escrita de Pacioli resume lo que la contabilidad debe ser: un poco de estrategia como el ajedrez, un poco de arte como en la divina proporción, otro poco de balance como la geometría y hasta un poco de magia.

---

[10] Jacob Soll. The Reckoning. Basic Books. ISBN 978-0-465-03152-8. Publicado en 2014. Publicado en EE.UU. Página 50.

Acerca del Traductor:

Carlos Urbina es abogado, contador y traductor. Obtuvo un LL.M. en Fiscalidad Internacional en la Universidad de Leiden. En el sector público ha trabajado como Administrador Provincial de Ingresos y en la Oficina de Impuestos de Suriname como consultor externo en programa financiado por el BID.

En enero de 2013 fue nombrado miembro de la Comisión de Normas de Contabilidad Financiera (NOCOFIN) por la Junta Técnica de Contabilidad del Ministerio de Comercio e Industria.

Ha publicado en revistas especializadas, artículos sobre fiscalidad y es autor de "Pasos del Due Diligence Fiscal en Panamá", "La Aseguradora Cautiva Offshore" y *"Transfer Pricing Issues Concerning Warranties between related parties"*.

Ha sido profesor de maestría y licenciatura. Editó la revista Gaceta Fiscal Panamá y actualmente edita el periódico Momento Fiscal y el canal de Youtube del mismo nombre.

Al momento de publicar este libro es rector del Instituto Antequera, Presidente de la Asociación de Contadores y

Auditores Gremialistas (LACA), socio director de Urbina & Asociados, firma miembro de Morison Global en Panamá y miembro del Board latinoamericano de esta asociación mundial de contadores.

Acerca del Instituto Antequera:

El Instituto Antequera es una institución académica reconocida por el Ministerio de Educación en Panamá mediante Resuelto 1155-AL de 20 de mayo de 2022 publicado en la Gaceta Oficial 29553-A.

Los fondos provistos por el Instituto Antequera hicieron posible esta traducción, aunque los derechos sobre la misma continúan siendo del traductor.

El propósito de esta traducción es proveer a la comunidad de habla hispana acceso a la primera obra de contabilidad en la historia y poder utilizarla como herramienta de enseñanza.

Índice

1. Cosas que necesita el buen comerciante y el método de llevar un libro mayor y diario según se hace en Venecia y en otros lugares.

2. El Inventario y Cómo tomarlo.

3. Ejemplo práctico del Inventario.

4. Instrucciones y concejos para el buen comerciante.

5. Segunda Parte de este Libro, llamado arreglo y disposición de los libros contables. Los tres libros del comerciante.

6. El Primer Libro que se llama Memorial, qué se entiende por él y cómo deben asentarse las entradas en este libro y quién la realiza.

7. La forma en que en muchos lugares se apertura y autentican los libros del comerciante, la razón y quién los apertura.

8. Forma en que deben hacerse entradas en el libro de Memorandos y ejemplos de cómo hacerlas.

9. Las nueve formas en las que el comerciante realiza compras.

10. El Libro de Diario, qué es y cómo llevarlo.

11. Las dos expresiones utilizadas en el Diario. La primera palabra Per y la otra es A y lo que se entiende por ambos términos.

12. Forma de hacer entradas en el Diario utilizando el sistema débito – crédito.

13. Tercer y último libro mercantil llamado el Libro Mayor. Cómo debe llevarse y su índice alfabético.

14. Cómo deben transferirse las entradas del Libro Diario al Libro Mayor y la razón por la que debe hacerse dos entradas en el mayor por cada entrada que se hizo en el diario y la forma en que estas se dan por posteadas. Los dos números de página del libro mayor que se colocan en el margen de cada entrada y porqué se hace de esta forma.

15. La forma en que el efectivo y las entradas de capital deben mayorizarse en el débito y crédito. La forma en que se usa, en el método antiguo, la fecha en la parte superior de la página. Cómo dividir el espacio para cuentas pequeñas y grandes según sea la naturaleza del negocio.

16. Forma en que se registran en el débito y crédito las partidas de inventario en el mayor.

17. Cómo llevar cuentas con las oficinas públicas y por qué.

18. Cómo debe mantenerse las cuentas con la oficina de la Mesetiaria en Venecia. Cómo agrupar las entradas correspondientes en el libro de memorandos, diario, mayor y préstamos.

19. Cómo debemos hacer las anotaciones en nuestros libros de relaciones públicas de los pagos que tenemos que hacer ya sea por giro o a través de banco.

20. Registros de la intermediación y sociedad mercantil.

21. La otra entrada de la Sociedad Mercantil y cómo debe ser llevada en los libros.

22. Forma en que se registran los gastos de tu casa, ordinarios y extraordinarios, los gastos del negocio y los de tus empleados.

23. Los libros del dueño de un establecimiento y cómo deben mantenerse separados de los de su casa

24. La forma de registrar en el diario y en el mayor tus transacciones bancarias, las letras de cambio y la razón por la que estos documentos vienen en duplicados.

25. La cuenta de Ingresos y Gastos (personales del comerciante) llevada en el mayor. Razones por las que algunos la llevan en forma separada.

26. Los registros que deben realizarse por los viajes de negocios.

27. La cuenta de ganancias y pérdidas, cómo mantenerlas en el mayor y porqué no se llevan en el diario.

28. Cómo trasladar los saldos en el mayor cando ya no tengas espacio en los mismos, sin perder información.

29. Cómo cambiar el año en el Mayor entre dos entradas sucesivas, en los casos en los que los libros no se cierran en forma anual.

30. Cómo emitir un estado de cuenta a un cliente o a tu jefe en el caso en que seas el administrador de un negocio.

31. Cómo corregir errores y omisiones.

32. Forma de balancear el Mayor General y cómo se llevan los saldos a un nuevo Mayor General.

33. Cómo deben realizarse los registros mientras se está balanceando los libros. La razón por la que no se deben hacer entradas en los libros cuando se están cerrando.

34. Cómo deben cerrarse todas las cuentas del mayor y la preparación del balance de prueba.

35. Cómo deben conservarse los papeles del comerciante, es decir, los manuscritos, cartas, sentencias judiciales y otros documentos importantes.

36. Resumen de Reglas para mantener un Libro Mayor.

Anexo I. Cosas que deben registrarse en los libros del comerciante

Anexo II. Cosas que deben anotarse en la Agenda del Comerciante para no olvidarlas

Anexo III. Abreviaturas de las monedas usada por Pacioli

Tabla de contenido

CAPÍTULO 1 1
CAPÍTULO 2 5
CAPÍTULO 3 6
CAPÍTULO 4 12
CAPÍTULO 5 16
CAPÍTULO 6 18
CAPÍTULO 7 22
CAPÍTULO 8 25
CAPÍTULO 9 27
CAPÍTULO 10 30
CAPÍTULO 11 32
CAPÍTULO 12 34
CAPÍTULO 13 39
CAPÍTULO 14 42
CAPÍTULO 15 46
CAPÍTULO 16 52
CAPÍTULO 17 56
CAPÍTULO 18 59
CAPÍTULO 19 66
CAPÍTULO 20 68
CAPÍTULO 21 72
CAPÍTULO 22 76
CAPÍTULO 23 80

CAPÍTULO 24	83
CAPÍTULO 25	89
CAPÍTULO 26	91
CAPÍTULO 27	93
CAPÍTULO 28	95
CAPÍTULO 29	98
CAPÍTULO 30	99
CAPÍTULO 31	101
CAPÍTULO 32	103
CAPÍTULO 33	107
CAPÍTULO 34	109
CAPÍTULO 35	115
CAPÍTULO 36	121
ANEXO I	126
ANEXO II	130
ANEXO III	132

Capítulo 1

Cosas que son necesarias para el buen comerciante y el método en que se llevan los libros mayor y diario, en Venecia y en otros lugares.

Decidí escribir este libro para que los súbditos de Su Alteza Ilustre, el Duque de Urbino[11], tengan todas las reglas que un buen comerciante necesita. Lo veo necesario en adición a los temas que ya he tratado en este libro[12]. Lo he hecho sólo para este propósito, *es decir*, que los súbditos puedan, siempre que sea necesario, encontrar todo lo relacionado con la contabilidad.

Y por lo tanto deseo dar las reglas suficientes para permitirles mantener todas sus cuentas y libros de manera ordenada. Porque, como sabemos, hay tres cosas que necesita cualquiera que desee llevar a cabo negocios con cuidado. El más importante de ellos es el

---

[11] Nota del Traductor: Quiero aclarar al lector que mi apellido es Urbina. Mi papá es un señor de Colón, nacido en Avenida el Frente y Calle Meléndez de esa ciudad, por lo que no tengo nada que ver con ese Duque Urbino al que Pacioli le dedicó su libro.

[12] Nota del Traductor: Recordemos que Pacioli escribe sobre la contabilidad en un tratado de Matemáticas. Por eso menciona esta frase como parte de un tema más amplio que trata en su libro.

efectivo o equivalentes, según ese dicho, *Unum aliquid necessarium est substantia.* Sin esto, los negocios difícilmente pueden continuar.

Muchos sin capital propio pero acceso a crédito, emprendieron grandes transacciones y se hicieron millonarios. Historias como esas son comunes en Italia. En las grandes repúblicas nada se consideraba superior a la palabra del buen comerciante, y se tomaban juramentos sobre la palabra de un buen comerciante. Sobre esto descansaba el crédito[13] de un buen comerciante. Y esto no es extraño, porque, según el Cristianismo, somos salvos por la fe, y sin ella es imposible agradar a Dios.

La segunda cosa necesaria en los negocios es ser un buen tenedor de libros y conocer matemáticas. Por esto en las secciones anteriores de este libro[14] he dado las reglas y cánones necesarios para cada transacción, para que cualquier lector diligente pueda entenderlo por sí mismo. Si uno no ha entendido bien esta primera parte, será inútil seguir leyendo.

La tercera y última cosa es registrar todas las transacciones de una manera tan sistemática que uno pueda entender cada una de ellas de un vistazo, es decir, usando el sistema débito y el crédito.

---

[13] Nota del Traductor: Crédito en el sentido de acceso al crédito y facilidades crediticias.

[14] Nota del Traductor: Pacioli se refiere al tratado de matemáticas del que forma parte el libro de contabilidad que usted tiene en sus manos. Recordemos que este texto formaba parte de un tratado de matemáticas redactado por Pacioli.

Nota del Traductor:

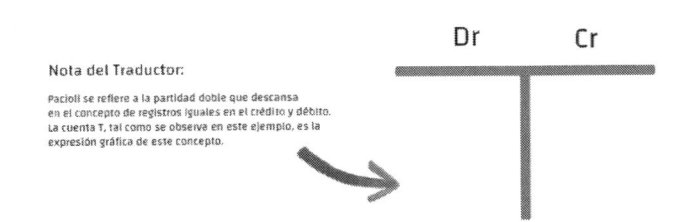

Pacioli se refiere a la partida doble que descansa en el concepto de registros iguales en el crédito y débito. La cuenta T, tal como se observa en este ejemplo, es la expresión gráfica de este concepto.

Esto es esencial para los comerciantes, porque, sin registrar en forma sistemática, sería imposible llevar a cabo sus negocios, ya que no descansarían y la preocupación no dejaría sus mentes.

He escrito este tratado por esa razón. He tratado de que, paso a paso, se entienda el método de registrar todo tipo de entradas. Aunque no puedo poner ejemplos de cada registro posible, una mente cuidadosa podrá, a partir de los ejemplos que daré, hacer cualquier otro registro.

Este libro usará el método Veneciano, que debe recomendarse por encima de todos los demás, porque por medio de él, uno puede entender cualquier otro método.

Dividiremos este tratado en dos partes. La primera será el Inventario, y la segunda la Administración. Tocaremos el primer tema y luego el segundo utilizando el índice que hemos dado para que el lector pueda saltar de un capítulo a otro según su necesidad.

El que quiera saber cómo llevar un libro mayor y un diario en el debido orden debe prestar atención a lo que diré. Para entender bien el procedimiento, tomaremos como ejemplo a alguien que recién está comenzando su negocio, y le diremos cómo debe proceder en el mantenimiento de sus libros para que de un vistazo pueda encontrar cada cosa en su lugar.

Porque, si no pone cada cosa en su propio lugar, se encontrará en grandes problemas y confusión en cuanto a todos sus asuntos, según el dicho: Donde no hay orden, hay confusión.

Para dar un modelo perfecto a cada comerciante, dividiremos todo el sistema, como hemos dicho, en dos partes principales, y las organizaremos tan claramente que uno pueda obtener buenos resultados de ellas. Primero, describiremos qué es el inventario y cómo tomarlo.

Capítulo 2

Primera Parte: El Inventario – Qué es y Cómo Registrarlo.

Para empezar, el comerciante debe hacer su inventario de esta manera: Siempre debe poner en una hoja de papel o en un libro separado todo lo que tiene en este mundo, propiedad personal o bienes raíces.

Debes comenzar por los bienes muebles más valiosos y con mayor probabilidad de perderse, como dinero en efectivo, joyas, plata, etc.,

Luego con los bienes inmuebles, como casas, tierras, lagos, prados, estanques, etc.

Después de esto registra todas las demás cosas una tras otra. En este inventario registra siempre el día, el año, el lugar y tu nombre.

Todo este inventario debe completarse en un día, de lo contrario habrá problemas en el futuro en la gestión del negocio.

Como ejemplo, te daré, una idea de cómo se debe hacer el inventario, para que puedas usarlo como guía.

Capítulo 3

Ejemplo de un Inventario y sus requisitos.

En el nombre de Dios, 8 de noviembre de 1493, Venecia. El siguiente es el inventario de mí mismo, N. N., de Venecia, calle de los Santos Apóstoles.

He escrito sistemáticamente, o he escrito por el Sr. Fulano de Tal, este inventario de todos mis bienes, personales y reales, lo que me deben, y lo que debo, y las cosas que poseo en este mundo.

Primer artículo: Tengo efectivo o equivalentes de efectivo por la cantidad de US$ ____[15] y oro con el valor de US$ ____.

Segundo artículo: También poseo, en joyas enchapadas y no enchapadas, tantas y tantas piezas, entre las cuales hay muchos enchapados en oro, anillos que pesan tantas onzas, quilates, granos, etc., por pieza o a granel, etc.,

---

[15] Nota del Traductor: Pacioli utiliza el oro como equivalente de efectivo y una gran cantidad de monedas de su época que hemos omitido para mantener la simplicidad del texto que traducimos. Las monedas usadas por Pacioli son los ducados venecianos, y húngaros; florines grandes formados por papales, sieneses y florentinos. Monedas de plata y cobre, que él llama troni, marcelli, carlini papal y real y grossi florentino, y testoni milanés, etc.

que puedes expresar de la manera que desees. Hay tantos zafiros engastados en abrazaderas para mujeres; pesan tanto. Y hay tantos rubíes, sin poner, que pesan tanto. El resto consiste en diamantes puntiagudos sin pulir, etc. Aquí puede dar las descripciones y el peso que desee.

Tercer artículo: Tengo ropa de muchos tipos; tantos de ese tipo; y tantos de tal y tal tipo, etc., describiendo su condición, colores, revestimientos, estilos, etc.

Cuarto artículo: Tengo varios tipos de cubiertos, como tazas, lavabos, platos, etc. Aquí describa todos los diferentes tipos uno por uno, etc., y pese cada tipo diligentemente. Llevar una cuenta de las piezas y pesos, y de la aleación, ya sea la veneciana o la utilizada en Ragusa, etc. También mencione el sello o marca que puedan tener.

Quinto artículo: Tengo tantas sábanas, manteles, camisas, pañuelos, etc., muchos de cada uno. De las sábanas, muchas están hechas de sábanas de tres piezas, y muchas son de tres y media, etc., mencionando si la ropa es de Padua o de algún otro tipo, nueva o usada; longitud tantas braccia, etc.; tantas camisas, etc.; manteles de tantos hilos; Tantos pañuelos grandes y tantos pequeños, mencionando si son nuevos o usados, dando el tipo diferente a su manera.

Sexto artículo: Tengo tantas camas de plumas y sus respectivas almohadas, mencionando si las plumas son nuevas o usadas, si las fundas de almohada son nuevas o usadas, etc., que en conjunto o una por una pesan tanto, marcadas con mi marca o con alguna otra marca, como es costumbre.

Séptimo artículo: Tengo en casa o en la tienda tantos productos de diferentes tipos: Primero, jengibre, que pesa tantas libras, marcados con tal y tal marca, y así sucesivamente, describiendo cada tipo de dichos productos con todas sus marcas que posiblemente pueda dar y con toda la precisión posible en cuanto al peso, número, medida, etc.

Octavo artículo: Tengo tantas cajas de jengibre, etc., y tantos sacos de pimienta, pimienta larga o pimienta redonda, dependiendo de lo que sea; tantos paquetes de canela, etc., que pesan tanto; Tantos paquetes de clavos, etc., y tantos trozos de sándalo, rojo o blanco, pesando tanto, y así sucesivamente, entrando uno tras otro.

Noveno artículo: Tengo tantas pieles para cubrir, tantos de tal y tal tipo, etc., tantas pieles de zorro, tantas curtidas y tantas crudas, tantas pieles de gamuza curtidas y tantas crudas.

Décimo Artículo: Tengo tantas pieles finas, tantas de tal y tal clase, y tantas de tal y tal clase -- definiendo diligente y verazmente cada vez para que la verdad siempre te guíe, etc., distinguiendo las cosas que deben ser introducidas por pedazos de las que deben ser ingresadas por peso, y los que deben ingresarse por medida, porque de estas tres maneras los negocios se llevan a cabo en todas partes; Ciertas cosas se cuentan por bultos, otras por cientos, otras por la libra, otras por la onza, otras por número, otras por un ciento (por números individuales) como artículos de cuero o pieles, otras por pieza, como piedras preciosas y perlas finas, etc.; así harás una anotación de cada cosa. Estos ejemplos servirán de guía para todo lo demás, etc.

Undécimo artículo: Tengo en bienes raíces: primero, una casa con tantos pisos, tantas habitaciones, patio, pozos, jardín, etc., situada en la calle San Apóstol sobre el Canal, etc., contigua a tales y tales partes, etc., dando los nombres de las propiedades de la línea fronteriza, haciendo referencia a las escrituras más antiguas y confiables, si las hay; Y así, si tienes más casas en diferentes localidades, las listarás en el inventario de manera similar.

Duodécimo artículo: Tengo tantas fincas cultivadas, etc., ingresándolos por el nombre de acuerdo con el uso del lugar donde se encuentra, diciendo dónde están ubicados, etc., en tal o cual ciudad en la provincia de Padua o en otro lugar, contiguo a la tierra de fulano de tal, dando todas las líneas fronterizas y refiriéndose a escrituras o la descripción de la oficina del registrador catastral, por qué tierra paga impuestos en tal o cual municipio, que son trabajados por fulano de tal con un ingreso anual de tanto, y así sucesivamente; ingresarás todas tus posesiones, ganado, etc.

Decimotercero: Tengo en depósito en Banco[16], tantos ducados; o en la parroquia de Canareggio, etc., o parte en una parroquia y parte en otra, dando los nombres bajo los cuales han sido depositados, mencionando el libro del banco, el número de la página dónde está tu cuenta, y el nombre del empleado que lleva dicho libro, para que puedas encontrar fácilmente tu cuenta cuando vayas a buscar dinero, porque en tales oficinas deben llevar muchas cuentas a causa de la gran multitud que a veces acude a ese lugar, y tú también debes asegurarte de que

---

[16] Pacioli menciona a la Camera de l'Impresti un banco Veneciano hoy desaparecido.

las fechas se pongan con precisión para que sepas cuándo vence todo y cuál es el interés qué deben pagarte.

Decimocuarto: Tengo tantos deudores, uno es fulano de tal, que me debe tantos ducados, y así sucesivamente, dando los nombres de cada uno, poniendo todas las anotaciones en cuanto a sus apellidos, y cuánto te deben y por qué; también si las deudas están en documentadas en papel o instrumentos notariales. En total tengo tantos ducados para cobrar, dirás, de buen dinero, si el dinero se debe de gente buena, de lo contrario dirás de dinero malo.

Decimoquinto Artículo: Soy deudor en total en tantos ducados, etc. Le debo tantos a fulano de tal. Aquí menciona a tus acreedores uno por uno, anotando si hay documentos, escritos o instrumentos de esa deuda; Si es posible, menciona a las personas presentes cuando se contrajo la deuda, la razón, el valor y el lugar, para cualquier caso que pueda surgir en el tribunal o fuera del tribunal.

Anotación del Traductor:

Ejemplo Práctico de Toma de Inventario Siguiendo las Instrucciones de Pacioli:

Inventario tomado en el nombre de Dios.

Fecha:	8 de Noviembre de 1493	Lugar:	Venecia, Calle de los Apóstoles
Lugar:	Venecia, Calle de los Apóstoles	Inventario de:	El Sr N.N.

Número de ítem	Descripción	Nuevo o Usado	Cantidad	Lugar donde Están	Marcas o Características	Valor
1	Efectivo y Equivalentes de efectivo	Nuevo	20	Mi casa	En billetes de 20, 10 y 5	US$ 1,000.00
2	Joyas	Usado	16	En la tienda	Piedras Preciosas sin Montar (3 rubíes)...	US$ 2,000.00
3	Ropa	Nuevo	3	En la casa		
4	Cubiertos	Nuevo	22	En la casa		
5	Implementos de la Finca	Usado	12	En el gavetero (2ra gaveta)		
6	Implementos de la Finca	Nuevo	5	En el gavetero (2nda gaveta)		
7	Mercancía Seca (Jengibre)	Nuevo				
8	Mercancía Seca (Canela, Pimienta, Clavos de Olor, Etc)	Nuevo				
9	Pieles para Cubrir	Nuevo				
10	Pieles Finas	Usado				

<u>Nota del traductor</u>: No observamos, en el texto de Pacioli, la instrucción de registrar en el Débito o en el Crédito los ítems del inventario, por lo que parece ser una lista previa al registro en los libros de contabilidad.

Capítulo 4

Instrucciones y concejos para el buen comerciante.

Como hemos dicho, registrarás en el inventario diligentemente en todo lo que tengas, ya sean bienes personales o inmuebles, uno por uno, incluso si hubiera diez mil artículos. También registrarás su condición y la naturaleza, ya sea depositado o prestado, etc.

Tendrás que mencionar cada cosa en el inventario con todas las marcas, nombres, apellidos, en la medida de lo posible, ya que las cosas nunca son suficientemente claras para un comerciante debido a las diferentes cosas que pueden suceder en los negocios. Esto lo sabe cualquier comerciante.

Por esta razón surge el proverbio: Se necesita más[17] para hacer un buen comerciante que para hacer un Doctor en Derecho.

¿Quién es la persona que puede predecir todas las cosas? ¿Quién puede preveer la circunstancia en la que estará

---

[17] Nota del Traductor: Pacioli usa la expresión "puentes" en lo que quizá era un modismo de la época. La traducción literal debió ser: Se necesitan más puentes para hacer un comerciante que para hacer un abogado.

el comerciante sea esto en mar, tierra, en tiempos de paz y abundancia y en tiempos de guerra y hambruna, en tiempos de salud o pestilencia? En estas crisis debemos saber qué hacer, en los mercados y en las ferias que se celebran ahora en un lugar y ahora en otro.

Por esto tiene razón el dicho que el comerciante es como un gallo, que de todos los animales es el más alerta y en invierno y verano mantiene sus vigilias nocturnas y nunca descansa. Mientras que el ruiseñor que canta durante toda la noche; lo hace sólo en el verano durante el clima cálido, pero no durante el invierno, como muestra la experiencia.

También se dice que la cabeza del comerciante tiene cien ojos, y aún así no son suficientes para todo lo que tiene que ver o hacer. Estas cosas son contadas por personas que han tenido experiencia, por comerciantes de las principales ciudades italianas[18] y sobre todo los comerciantes de Venecia y Florencia que son las primeras en el comercio italiano en adoptar reglas que responden a cualquier necesidad comercial.

Y bien dicen de las leyes que la ley ayuda a los que están despiertos, no a los que duermen[19]. Así mismo está en la Biblia al decir que Dios prometió la corona a los vigilantes, y esta fue la instrucción que Virgilio dio a Dante como a su hijo, en el Canto 24 del Inferno[20], donde lo exhorta a la obra por la cual se puede alcanzar

---

[18] Nota del Traductor: Pacioli menciona a los comerciantes venecianos, florentinos, genoveses, napolitanos, milaneses, gente de Ancona, Brescia, Bragama, Aquila, Siena, Lucca, Perugia, Urbino, Forosempronio, Cagli, Ugubio, Castello, Brogo, Fuligno, Pisa, Bolonia, Ferrara, Mantua, Verona, Vincenza, Padua, Trani, Lecce, Bitonto.

[19] Nota del Traductor: Frase Latina: Vigilantibus et non dormientibus jura subveniunt

[20] Nota del Traductor: El Inferno es el 1er Libro de la Divina Comedia de Dante Aligieri.

la colina de la virtud: Ahora, hijo mío, te corresponde que renuncies a tu vida, dijo mi maestro, porque el que yace sobre plumas o bajo sábanas nunca llegará a nada. Quien gaste su vida de esta manera, dijo, dejará en esta tierra el mismo rastro que el humo en el aire o la espuma en el agua, etc.; y otro poeta italiano nos amonesta de la misma manera, diciendo: El trabajo no debe parecerte extraño, porque Marte[21] nunca concedió una victoria a aquellos que pasaron su tiempo descansando.

También es muy bueno citar al sabio que le dijo al hombre perezoso que tomara la hormiga como ejemplo; y el apóstol Pablo dice que nadie será digno de la corona sino el que pelee valientemente por ella.

Quería traer estos recordatorios para tu propio bien, para que el cuidado diario de tu negocio no te parezca pesado, especialmente el escribir todo y dejar asentado todos los días todo lo que le sucede, como desarrollaremos en los próximos capítulos.

Pero sobre todo, acuérdate de Dios y de tu prójimo; nunca olvides asistir a la meditación religiosa todas las mañanas, porque a través de esto nunca perderás tu camino, y siendo caritativo, no perderás tus riquezas, como dice el poeta: *La caridad no empobrece*[22].

A esto nos exhorta nuestro Salvador en el libro de San Mateo, cuando dice: Buscad, el Reino de Dios y su Justicia y todas las demás cosas les serán añadidas.

---

[21] Esta es una referencia a Marte, el dios de la guerra de la mitología romana.
[22] Nota del Traductor: La frase en latín que usa Pacioli es: *Nec caritas, nec Missa minuit iter,* etc.

Y espero que esto sea suficiente como instrucción para ti al hacer el Inventario, y para hacer otras cosas bien.

Capítulo 5

Segunda Parte de este Libro, llamado arreglo y disposición de los libros contables. Los tres libros del comerciante.

Viene ahora la segunda parte principal de este libro, que se llama arreglo y disposición de los libros contables, y de este tema tengo que hablar más extensamente que los temas que toqué en la primera parte.

Dividiré este tema en dos partes:

Requisitos del Comercio en general, y

Requisitos del Comerciante como Socio del Negocio.

En primer lugar, hablaremos del comercio en general y sus requisitos.

Inmediatamente después de tomar el inventario, se necesitan tres libros para que el trabajo sea adecuado y fácil.

Uno se llama Memorándum (*Memoriale),* el segundo Diario (*Giornale)* y el tercero Libro Mayor *(Quaderno)*.

Muchos, debido a que su negocio es pequeño usan solo los dos últimos, es decir, el diario y el libro mayor.

Hablaremos sobre el primero, es decir, del libro de memorandos, y después de los otros dos, sobre su composición y cómo deben mantenerse. En primer lugar, daremos la definición del libro de memorandos.

Capítulo 6

El Primer Libro que se llama Memorial, qué se entiende por él y cómo deben asentarse las entradas en este libro y quién debe hacerlas.

El libro de memorandos, es un libro en el que debe anotarse todas las transacciones, pequeñas o grandes, a medida que tienen lugar, día a día, hora a hora.

En este libro pondrá en detalle todo lo que vende o compra, y cualquier otra transacción sin dejar de lado una jota; quién, qué, cuándo, dónde, mencionando todo para que quede tan claro como ya he dicho al hablar del Inventario, para que no haya necesidad de repetirlo en detalle.

Muchos están acostumbrados a ingresar su inventario en este libro, pero no es prudente dejar que la gente vea y sepa lo que posees. No es prudente introducir todos tus bienes personales e inmuebles en este libro.

Este libro se mantiene a cuenta del volumen de negocios, y en él deben hacerse anotaciones en ausencia del propietario por sus empleados, o por miembros de su familia, porque un gran comerciante nunca mantiene a su personal ocioso.

Esto lo digo ya que el comerciante no siempre va a estar en su negocio y sus empleados o sus familiares a veces no son expertos en registros contables.

Por lo tanto, en ausencia del comerciante y para no perder clientes, los que estén en el negocio deben vender, cobrar o comprar, de acuerdo con las órdenes dejadas por el comerciante, y ellos, tan bien como puedan, deben ingresar cada transacción en este libro de memorandos, nombrando simplemente el dinero y los pesos que conocen; deben tener en cuenta los diversos tipos de dinero que pueden recolectar o recibir o que pueden dar a cambio.

En lo que respecta a este libro, no es importante convertir a las monedas extranjeras. Esto lo harás más adelante cuando se asienten las transacciones en el diario y el libro mayor, como veremos más adelante.

El contador pondrá todo en orden antes de transcribir una transacción en el diario. De esta manera, cuando el comerciante revise el memorando, verá todas las transacciones y podrá ponerlas en un mejor orden si es necesario. Por lo tanto, este libro es muy necesario para aquellos que tienen un gran negocio.

Sería demasiado difícil escribir de una manera nítida y ordenada cada transacción inmediatamente después de que tenga lugar, sin el riesgo de que se mantengan limpios los libros[23].

---

[23] Nota del Traductor: Recordemos que en este tiempo no existían ordenadores y por lo

Debes hacer una marca en la portada de este libro, así como en todos los demás, para que puedas distinguir cuándo se llena o ha servido durante un cierto período de tiempo con la intención de aperturar otro libro.

Debes tomar otro libro cuando el primero se ha usado por completo, sin embargo, muchos están costumbrados en diferentes localidades a cerrar anualmente estos libros aunque no estén llenos; y hacen lo mismo con los otros libros que aún no están llenos.

En el segundo libro debes poner otra marca diferente a la primera, para que en cualquier momento pueda rastrear su transacción fácilmente. Para ello utilizamos la fecha.

Entre los verdaderos cristianos existe la buena costumbre de marcar sus primeros libros con ese signo glorioso del que huye todo enemigo de lo espiritual y ante donde tiemblan justamente todos los espíritus infernales, es decir, el símbolo de la Santa Cruz, por la cual en nuestra infancia comenzamos a aprender a leer.

Los libros que siguen, puedes marcarlos en orden alfabético, llamándolos A, B, C, y así sucesivamente. De modo que llamamos a los primeros libros con la Cruz, o Memorándum con la Cruz, y al segundo Memorándum A, Diario A, Libro Mayor A.

---

tanto una vez asentada la transacción el libro quedaría "sucio" o tachado si se llegaba a corregir el asiento con posterioridad. Por esta razón la palabra "limpio" quiere decir sin tachas.

Nota del Traductor:
Físicamente este es el orden que recomienda Pacioli:

Las páginas de cada uno de estos libros deben estar marcadas por varias razones conocidas por el mundo, aunque muchos dicen que esto no es necesario para los libros de Diario y Memorándum. Las transacciones se ingresan día a día, una debajo de la otra, de tal manera que puede ser fácil rastrearlas.

Esto estaría bien si todas las transacciones de un día no tomaran más de una página; pero, como hemos visto, para muchos de los comerciantes más grandes, no una, sino varias páginas tienen que ser utilizadas en un día.

Si uno quiere cometer un fraude, podría arrancar una de las páginas y este fraude no podría descubrirse, en lo que respecta a las fechas, porque los días seguirían correctamente uno tras otro, y sin embargo, el fraude puede haberse cometido.

Por lo tanto, por esta y otras razones, siempre es bueno numerar y marcar cada página en todos los libros de los comerciantes. No importa si son los libros guardados en la casa o guardados en la tienda.

Capítulo 7

La forma en que en muchos lugares se apertura y autentican los libros del comerciante, la razón y quién los apertura.

Todos estos libros, de acuerdo con las buenas costumbres de varios países donde he estado, deben ser llevados y mostrados a un funcionario mercantil como los cónsules que usa la ciudad de Perosa, y a él se debe declarar que esos son los libros en los que el comerciante tiene la intención de llevar, o poner a otro a registrar, todas sus transacciones de manera ordenada. También se debe indicar a este oficial en qué tipo de moneda deben ingresarse las transacciones[24].

El buen comerciante debe poner estas cosas siempre en la primera página del libro, y si después la teneduría del libro debe ser hecha por alguien que no sea el indicado al principio del libro, esto debe registrarse en la oficina de dicho funcionario.

---

[24] Pacioli menciona las siguientes monedas: Lire di Picioli o en lire di Grossi, o en ducados y liras, etc., o en florines y denarios, o en onzas, tari, grani, denari.

El secretario debe mencionar todo esto en los registros de dicho oficial, es decir, en tal y tal día presentó tal y tal libro, marcado con tales y tal marca, qué los libros se llaman, uno tal y tal, el otro fulano de tal, etc.; de qué libros uno tiene tantas páginas, otro tantos, etc., qué libros dijiste que serían guardados por ti o por fulano de tal; pero que puede ser que en dicho Libro de Memorándum, por lo que la persona de tu familia pueda registrar en él, como se explicó anteriormente.

En esta oficina, dicho secretario escribirá en la primera página de los libros, de su puño y letra, el nombre de dicho oficial, y dará fe de la verdad de todo y adjuntará el sello de esa oficina para aperturar los libros. De esta forma se considerarán libros auténticos para cualquier caso en el tribunal cuando puedan ser producidos por orden del juez.

Esta costumbre debe ser elogiada en extremo; también los lugares donde se sigue la costumbre. Muchos mantienen sus libros por duplicado. Muestran uno al comprador y otro al vendedor, y esto está muy mal, porque en esta forma se cometen perjurios. Al presentar libros a dicho oficial, uno no puede mentir o defraudar.

Estos libros, después de haber sido cuidadosamente marcados y autenticados, se guardarán en el nombre de Dios en su propio lugar, y entonces estará listo para comenzar su negocio. Pero primero ingresarás de manera ordenada en tu Diario todos los diferentes elementos del Inventario de la manera que te diré más adelante. Pero primero debes entender cómo se deben hacer las entradas en este Libro de Memorandos.

<u>Nota del Traductor:</u>

En Panamá usamos este sello de apertura para libros manuales, siendo una práctica heredada desde los tiempos que narra Pacioli en su libro:

> Yo, CARLOS URBINA, con cédula 8-714-327, contador público autorizado, con idoneidad 97-2012, APERTURO, este libro _____ en los que se asentarán registros de: _____.
>
> Este libro consta de _____ fojas y se encontraba en blanco para el año _____.
>
> Carlos Urbina
>
> 8-714-327

Capítulo 8

Forma en que deben hacerse entradas en el libro de Memorandos y ejemplos de cómo hacerlas.

Como hemos dicho antes, cualquier miembro de tu familia puede hacer anotaciones en el Libro de Memorandos. Por lo tanto, no se puede establecer con rigidez cómo deben hacerse las entradas en este libro ya que los miembros de tu familia no necesariamente entenderán tus instrucciones.

Pero la costumbre común es esta: Pensemos, por ejemplo, que compraste varios trozos de tela, por ejemplo, que compraste 10 yardas de tela[25] a dólar la yarda.

Será suficiente simplemente hacer la entrada de esta manera:

En este día de DÍA, MES y AÑO, he comprado al Sr. Filippo d'Rufoni de Brescia, 10 yardas de tela a dólar la yarda.

---

[25] Nota del Traductor: Pacioli menciona *"bresciani blancos"* a 12 ducados cada uno. Hemos usado dólar para actualizar el término.

Estos bienes se encuentran en casa del Sr. Stefano Tagliapietra; Una pieza es tan larga, según el acuerdo, y pagada en tantos dólares, etc., marcado con tal o cual número, etc.

Menciona la clase de tela[26]. También indicar aquí si la transacción se realizó a través de un corredor y si fue en efectivo en su totalidad o en parte solo en efectivo y parte a plazo, o si era parte en efectivo y parte a consignación.

En esta facilidad debes especificar las cosas que se dieron a cambio, número, peso, medida, y el precio de la pieza, o de la libra, etc., o si la transacción fue toda por pago plazo, indicando el momento en que debe realizarse el pago[27].

Por último, debo decir que en este libro de memorándum no se debe omitir nada. Si fuera posible, debería tenerse en cuenta lo que muchos otros habían dicho durante la transacción porque, como hemos dicho sobre el Inventario, el comerciante nunca puede tener sus cuentas lo suficientemente claras.

---

[26] Nota del Traductor: Pacioli menciona el lugar de procedencia de la tela (Bérgamo, o Vincenza, o Verona, o Padua, o Florencia, o Mantua)

[27] Nota del Traductor: Menciona como posibles fechas el retorno de un barco, alguna feria, festividad, Pascua, Navidad, Semana Santa o Carnaval.

Capítulo 9

Las nueve formas en las que el comerciante realiza compras.

Hablando de comprar, debes saber que generalmente puedes realizar una compra de nueve maneras, es decir:

1. en efectivo
2. a crédito;
3. por trueque (intercambiando algo),
4. parte en efectivo y parte a crédito,
5. parte en efectivo y parte en trueque
6. parte a trueque y parte a crédito;
7. parte en especie y parte a crédito;
8. orden de pago;
9. orden de pago y a crédito.

De estas nueve maneras se acostumbra a comprar. Si deseas comprar de otra manera, debes indicar en tu libro de memorandos con precisión la forma en que ha realizado la compra, o pedirle a alguien más que lo haga por ti.

Por lo general, compra a futuro cuando se compra vísceras del carnicero o avena, vinos, sal, restos de una carnicería y grasas. En estos casos, el vendedor promete al comprador dar toda la producción que tendrá en esa temporada. El carnicero te venderá y promete darte todos los corazones, pieles, grasa, etc., que tendrá durante ese año.

Registra qué te venden por libra, y de manera similar por la grasa de la carne de res, del cordero, las pieles negras de cordero y las pieles blancas de cordero, y así con la avena, o las vísceras especificando el precio de cada cosa que te vendan por libra o por cualquier otra unidad. Añade las características del producto[28]. Al comprar vísceras debes anotar el lugar de procedencia[29].

En este libro de memorandos, ya sea que lo hagas tú o lo hagan otros, se debe mencionar cada punto de la transacción. De esta forma se registrarán las cosas de una manera simple como sucedieron, y luego el hábil tenedor de libros, después de cuatro o cinco días, u ocho días, puede ingresar todas estas transacciones de dicho libro de memorandos en el diario, día a día; con esta diferencia, sin embargo, que no es necesario que él ponga en el diario toda la explicación larga que se puso en el libro de memorandos. Toda la explicación larga que se usó en el libro de memorandos, se abreviará en el libro diario. Adicionalmente, se deben hacer referencias de un libro a otro.

Los que están acostumbrados a mantener estos tres libros de la manera que hemos dicho nunca deben ingresar una cosa en el Diario si no la han ingresado

---

[28] Nota del Traductor: Pacioli menciona una mediad que era acostumbrada en Chiusi de Perugia.
[29] Nota del Traductor: Pacioli menciona a su ciudad San Sepolcro y a otras partes de Italia (Mercatello, Sant Angelo, Citta de Costello, Forli).

primero en el libro de memorandos. Esto será suficiente en cuanto a la disposición del libro de memorandos, ya sea que tú u otros lo lleven.

Recuerda que hay tantas maneras de comprar como de vender; por lo tanto, no necesito explicar las formas de vender, porque conoces las formas de comprar y por lo tanto puedes entender la venta.

Capítulo 10
El Libro de Diario, qué es y cómo llevarlo.

El segundo libro del comerciante se llama el Diario que, como hemos dicho, debe tener la misma marca que está en el libro de memorándum y las páginas marcadas como hemos dicho.

Siempre, al principio de cada página debes anotar la fecha, y luego, uno tras otro, ingresar todos los diferentes artículos de tu inventario.

En el Diario, registra todo lo que posees en bienes personales o inmuebles, siempre haciendo referencia a los documentos del inventario tomaste anteriormente y que guardaste en tu archivo[30], como es costumbre y como se suele hacer con las letras y otros instrumentos negociables.

Los diferentes artículos introducidos en el Diario deberían introducirse allí de una manera ordenada y sistemática, no demasiadas ni muy pocas palabras, como mostraré en los ejemplos siguientes.

---

[30] Pacioli habla de en una caja o cofre.

Pero antes que nada debes saber que hay dos palabras o términos que son necesarias para llevar un Libro Diario. Estas palabras son usadas según la costumbre de la gran ciudad de Venecia, y de ellas procederé a hablar.

Capítulo 11

Las dos expresiones utilizadas en el Diario[31]. La primera palabra Per y la otra es A y lo que se entiende por ambos términos.

Como hemos dicho, hay dos expresiones utilizadas en el libro Diario. Uno es "per" y el otro es "a". Cada uno de estos términos tiene su propio significado.

"Per" indica el deudor uno o más según sea el caso, y "a", acreedor, uno o más según sea el caso.

Nunca se ingresa ningún elemento en el Diario (que también debe ingresarse en el Libro Mayor), sin ponerle antes una de las dos expresiones.

Al comienzo de cada entrada, siempre proporcionamos "per", porque, primero, se debe registrar al deudor, e inmediatamente después al acreedor, uno separado del otro por dos pequeños paralelos inclinados, por lo tanto[32], //, como lo mostraré en el siguiente ejemplo.

---

[31] <u>Nota del Traductor</u>: Pacioli dice que esto se usa especialmente en Venecia.
[32] <u>Nota del Traductor</u>: Nótese que Pacioli quiere decir que el término "por lo tanto" es abreviado con los dos paralelos inclinados.

Nota del Traductor:
En términos de débito y crédito las expresiones de Pacioli se verían así.

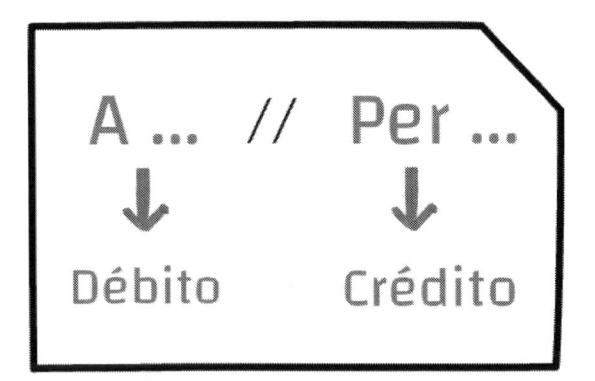

```
A ...    //    Per ...
 ↓              ↓
Débito        Crédito
```

Capítulo 12

Forma de hacer entradas en el Diario utilizando el sistema débito – crédito[33].

Con el nombre de Dios comenzarás a ingresar en tu Diario el primer artículo de tu Inventario, es decir, la cantidad de efectivo que posees, y para saber cómo ingresar este Inventario en el Libro Mayor y Diario, debes hacer uso de las otras dos expresiones; una llamado "efectivo" y la otra "capital".

Por efectivo se entiende tu dinero disponible en el bolsillo34; por capital se entiende la cantidad total de lo que ahora posee.

Este capital debe colocarse siempre con saldo crédito en todos los principales libros y diarios mercantiles y el efectivo siempre con saldo débito.

Nunca en ningún momento en la gestión de su negocio podrá tener efectivo con saldo crédito, sino sólo débito

---

[33] Pacioli usa en este capítulo la expresión L... S... G... P... para expresar las monedas Lira, Soldi, Grossi y Piccioli. En ese Sistema 32 piccioli equivalían a un grosso, 12 grossi equivalían a un soldo, y 20 soldi equivalían a una lira. El mismo texto lo utiliza en el resto del libro para expresar unidades monetarias. En nuestra traducción utilizaremos dólares o ducados en forma indistinta.

[34] Pacioli usa un término parecido a bolsa o cartera.

salvo que el libro esté descuadrado35. Si, al balancear tu libro, encuentras que el efectivo está en el crédito, tendrás un error en el libro, como te recordaré más adelante en el momento apropiado.

Toma esta entrada como ejemplo para que lleves tu diario:

EJEMPLO DE HACER UNA ENTRADA EN EL DIARIO.

PRIMERO. 8 de noviembre, MCCCCLXXXXIII en Venecia.

Débito 1. Crédito 2.	Per efectivo // A-Capital de mí mismo fulano de tal, etc. En efectivo tengo en la actualidad, en oro y moneda, plata y cobre de diferentes monedas como aparece en el primer inventario en efectivo, etc., en total tantos ducados de oro y tantos ducados de plata. Todo esto está en nuestro dinero veneciano; que suma la cantidad de: _____.

Para el segundo ítem registrarás de esta manera:

SEGUNDO. Per piedras preciosas montadas y no montadas de varios tipos //. A Capital por tantos Belassi montados, etc., pesando, etc., y tantos zafiros, etc., y rubíes y diamantes, etc., como muestra dicho inventario al que, de acuerdo con los precios actuales, doy los

---

[35] Nota del Traductor: La cuenta de sobregiro es una excepción a este concepto. Pacioli no menciona este tipo de cuenta en su texto.

valores: valor de Belassi, etc.; y así deberá indicar un precio para cada tipo en total que valen tantos dólares[36]. Su valor es: $ ____.

Después de haber nombrado una vez el día, el deudor y el acreedor, puede decir por brevedad, si no hace ninguna otra entrada intermedia: En el día ídem, Per ídem, // A ídem.

TERCERO. Per plata //. A ídem - por el cual se entiende el capital - por varios tipos de plata que actualmente poseo, es decir, lavabos, tantos cobres, tantas tazas, tantos pironi, y tantos cosilier, etc., que pesan en total tanto. Su valor es: Su valor: $ ____.

Deberá dar todos los detalles al ingresar estos artículos para cada uno de los que tenga en el Inventario, dando a cada cosa un valor. Hacer que los precios sean más altos que más bajos; Por ejemplo, si te parece que valen 20, pones 24, para que puedas hacer un ingreso más grande; y así ingresarás todo, poniendo para cada cosa su peso, número, valor, etc. Su valor es: $ ____.

CUARTO. Per ropa de lana //. A ídem, para tanta ropa de tal o cual color, etc., de tal o cual estilo, etc., forrado, etc., nuevo o usado, etc., para mí o para mi esposa o para mis hijos, doy el valor total, según el precio actual, tantos ducados. Y para las capas, tantas de tal y tal color, etc., y así sucesivamente, para todas las demás ropas: Su valor es: $ ____.

---

[36] El texto original menciona Ducados y no dólares, era una de las monedas usadas en la Italia de Pacioli.

QUINTO. Per ropa de cama //. A ídem, para tantas sábanas, etc., y anota su número y valor como muestra el Inventario: Su valor es $ ____.

SEXTO. Per camas de plumas //. A ídem, etc., para tantas plumas, y he puesto todo lo que muestra el Inventario, número y Su valor es: $

SÉPTIMO. Per jengibre //. A ídem, para tantos paquetes, etc., dando todos los detalles que están contenidos en el Inventario, número, valor, según precios comunes, etc., tantos ducados: Su valor: $ ____.

De esta manera se puede seguir registrando todos los demás artículos, haciendo una entrada separada para cada lote de ítems, y como hemos dicho antes, dando los precios actuales, número, marcas, pesos, como muestra el Inventario.

Indica solo un tipo de moneada funcional. En la columna para las cantidades, solo debe aparecer un tipo de moneda funcional, ya que no sería apropiado que aparecieran en esta columna diferentes tipos de moneda.

Deberás cerrar la entrada en el Libro Diario dibujando una línea desde el final de la última palabra de su narración descriptiva (explicación) hasta la columna de las figuras.

Deberás hacer lo mismo en el libro memorandos, y al transferir una entrada al Libro Diario desde el Libro de Memorandos, dibujarás una sola línea diagonal a través de él de esta manera /; Esto indicará que este ítem ha sido posteado en el Diario.

Si no quieres trazar esta línea a través de la entrada, deberás realizar alguna otra marca en la primera letra del comienzo del registro o entrada, o en la última letra, como lo hemos hecho al principio de este texto. De lo contrario deberás usar otra marca por medio de la cual se entienda que dicho ítem ha sido posteado al Libro Diario.

Aunque puedes usar diversas expresiones o marcas, debes tratar de utilizar las comunes que son utilizadas por los otros comerciantes, para que no parezca que te desvías de la costumbre mercantil habitual.

Capítulo 13

Tercer y último libro mercantil llamado el Libro Mayor. Cómo debe llevarse y su índice alfabético.

Después de haber hecho todas tus entradas en el Libro Diario de manera ordenada, debes pasarlas al tercer libro. Este libro se llama el Libro Mayor[37]. Generalmente este libro contiene el doble de páginas que el Libro Diario. En él debe haber un índice. En este índice, anotarás todos los deudores y acreedores en el orden de su inventario inicial, junto con el número de sus respectivas páginas. Deberás poner los nombres que comienzan con A en la página A, etc.

Como hemos dicho, en este libro mayor, debes llevar el mismo signo o marca que está en el libro de memorando y en el libro diario: sus páginas deben estar numeradas; y en la parte superior en el margen derecho, así como en el margen izquierdo, deberás anotar la fecha. En la primera página deberás inscribir cada uno como deudor. Al igual que en el

---

[37] Nota del Traductor: Pacioli usa el término: Libro Grande.

libro Diario, también en el Libro Mayor, el efectivo debe ingresarse en la primera página.

Es costumbre reservar toda la primera página para banco[38], y no ingresar nada más ni bajo el débito ni en el crédito. Esto se debe a que las entradas de efectivo son más numerosas que todas las demás debido a que casi continuamente un negocio paga y recibe dinero; por lo tanto, necesitas bastante espacio.

Este libro mayor debe tener tantas líneas como tipos de dinero que desees ingresar. Si ingresas dinero fraccionado[39], debes trazar cuatro líneas, y delante de la moneda trazarás otra línea para poner el número de páginas del libro mayor y las entradas de crédito.

Antes de estas líneas, trazarás dos líneas más en las que marcar las fechas a medida que avanzas, como has visto en los otros libros, para que puedas encontrar cada elemento rápidamente.

Este libro también llevará la señal de la cruz como los demás.

Nota del traductor: En nuestros tiempos lo que explica Pacioli en este texto se vería como sigue:

---

[38] Nota del Traductor: El original de Pacioli utiliza la cuenta que podemos llamar Caja. Este mismo término lo usa Geijsbeek. Esta traducción usa la cuenta Banco, cash o efectivo en forma intercambiable para fines didácticos.

[39] Nota del Traductor: Pacioli menciona a las fracciones de la Lira (liras, soldi, denari y picioli), por simplicidad esta traducción menciona dinero fraccionado. Para nosotros sería lo equivalente a poner un punto decimal para registrar centavos y las comas para miles.

Cuenta del Mayor _____		Número de Página _____ Año _____		
Fecha	Descripción de la Transacción	Ref	Dr	Cr

Capítulo 14

Cómo deben transferirse las entradas del Libro Diario al Libro Mayor y la razón por la que debe hacerse dos entradas en el mayor por cada entrada que se hizo en el diario y la forma en que estas se dan por posteadas. Los dos números de página del libro mayor que se colocan en el margen de cada entrada y porqué se hace de esta forma.

Por cada una de todas las entradas que has hecho en el Libro Diario tendrás que hacer dos en el Libro Mayor. Es decir, uno en el débito y otro en el crédito. En el Libro Diario el deudor se indica por el término *per*, el acreedor por el término *a*, como hemos dicho anteriormente.

En el Libro Mayor debe tener una entrada para cada uno de ellos (el débito y el crédito). La entrada de débito debe estar a la izquierda, la del acreedor a la derecha; y en la entrada de débito debe indicar el número de la página del acreedor respectivo. De esta manera todas las entradas del Libro Mayor están encadenadas entre sí y nunca debes hacer una entrada de crédito sin hacer la misma entrada con su respectiva contrapartida en el débito. De esto depende la obtención de un balance de prueba del Libro Mayor.

Al cerrar los libros para obtener un balance, las cantidades del débito deben ser iguales a las del crédito. En otras palabras, deberás sumar todas las entradas de débito, incluso si hay diez mil, en una hoja separada, y luego sumar de la misma manera todas las entradas de crédito.

Los totales del débito deben ser los mismos que los totales del crédito; de lo contrario, algún error cometiste en el Libro mayor.

Más adelante hablaremos bastante de esto cuando hablemos de la forma de hacer el balance de prueba. Y dado que para una entrada del Diario haces dos en el Libro Mayor, debes trazar dos líneas diagonales a medida que realizas la mayorización. Es decir, si primero transfieres la entrada de débito, primero deberás dibujar una línea diagonal al principio de la entrada en el Diario que muestra que la entrada ha sido posteada en el débito en el libro mayor.

Si transfieres la entrada del crédito, ya sea en este momento o más tarde, ya que a menudo sucede que el contador puede hacer dos o tres entradas en la misma página para evitar volver a escribir en esa misma página, en cuyo caso debe trazar una línea en el lado de donde termina la entrada. Esto indicará que la entrada ha sido posteada al crédito del Libro Mayor. Estas dos líneas, puedes verla en el diagrama anterior, dibujadas en el margen por la primera entrada en efectivo. Una se llama línea de débito y la otra línea de crédito.

Al lado, en la parte marginal, deberás anotar dos números antes del comienzo de la entrada, uno debajo del otro. La parte superior indica en qué página del libro mayor se encuentra la entrada de débito, y la parte inferior indica la página del libro mayor donde está el crédito, como verás en la entrada de efectivo en el ejemplo anterior, como este:

1   sin una línea
2   entre ellos.

Así que estamos acostumbrados a trazar una línea intermedia, como esta:

$$\frac{1}{2}$$

Esto no es tan importante, pero se ve mejor sin la línea intermedia, de modo que las cifras no aparecerán al lector como si fueran fracciones.

La cifra superior, 1, significa que el efectivo se ingresó en la primera página del libro mayor, y el capital se ingresó en la segunda página de dicho libro mayor; el efectivo en el débito y el capital en el lado del crédito. Debes saber que cuanto más cerca del deudor puedas colocar al acreedor, mejor se verá. Sin embargo, es lo mismo, sin importar dónde esté.

Pero puede verse mal debido a la fecha que a veces debe ponerse entre las entradas, y hace que sea difícil encontrar las fechas. No podemos contarte todo completamente, pero tú con tu ingenio natural debes guiarte.

Por lo tanto, siempre se intenta poner a dicho acreedor inmediatamente después de su deudor en la misma línea o en la línea inmediatamente siguiente sin introducir nada más en el medio, ya que siempre que haya un elemento de débito debe existir al mismo tiempo un elemento de crédito. Por esta razón, acerca uno lo más posible al otro.

Capítulo 15

La forma en que el efectivo y las entradas de capital deben mayorizarse en el débito y crédito. La forma en que se usa, en el método antiguo, la fecha en la parte superior de la página. Cómo dividir el espacio para cuentas pequeñas y grandes según sea la naturaleza del negocio.

Después de haberte dicho estas cosas, escribiremos la primera entrada del efectivo en la columna de débito, y luego la primera entrada del capital en la columna de crédito, en el Libro mayor.

Pero, como hemos dicho, escribirás en el Libro Mayor el año a la antigua usanza usando números romanos, así:

MCCCCLXXXXIII

No es costumbre poner el día en la parte superior del Libro Mayor como sí se acostumbra en el Libro Diario. La razón es que una cuenta en el Libro Mayor puede tener varias fechas, y por lo tanto no se pueden mantener estas fechas en orden poniéndolas en la parte superior del libro. Esto lo entenderás más adelante cuando lo expliquemos.

Si un ítem se refiere a una transacción que ocurrió en un año diferente al escrito en la parte superior de la página (lo que ocurre cuando uno no hace un balance anual o no mayoriza en forma anual), entonces este año se pondrá a un lado, en el margen cerca de la entrada del artículo al que se refiere.

Esto solo sucede en el Libro Mayor, y no puede suceder en los otros libros.

Al hacer esta entrada para el año, usa números romanos, que son más elegantes, aunque no importa mucho el tipo de letra que uses.

Lo pondrás de esta manera:

JESÚS MCCCCLXXXXIII.

"A" efectivo es deudor el 8 de noviembre, "per" capital. En este día tengo la suma de XXX Dólares, página 2"

Aquí no es necesario extenderse mucho si ya has dado la descripción en el Diario. Trata de ser muy breve.

Al principio de la página decimos un poquito más, pero en las entradas siguientes basta con decir: en ídem, "per" tal y tal; página y moneda funcional.

Después de haber hecho la entrada de esta manera, deberás cancelar en el Diario como te he explicado. Luego, en el lado del crédito, deberás escribir de esta manera:

JESÚS MCCCCLXXXXIII.

El capital mío (fulano de tal), el 8 de noviembre, mediante efectivo por la cantidad de $ _____. Página 1:

Esta entrada también es suficiente; exprésate brevemente por la razón anteriormente mencionada. Si hay otros elementos que deben ingresarse en la misma cuenta, bastará con decir, en ídem, "per" tal y tal, etc., como se acaba de mostrar.

En este tratado, te daré un ejemplo, y así seguirás expresándote brevemente, especialmente en aquellas que son privadas, es decir, de las que no tienes que dar cuenta a nadie ya que sólo te conciernen a ti. Pero en cuanto a otras cosas por las que tienes que rendir cuentas a otras personas, será mejor que seas más explícito, aunque para las explicaciones siempre confiamos en el Libro Diario.

Entonces cancelarás, trazando una línea, la entrada de crédito en el Diario como he dicho anteriormente en el Capítulo 12. En el margen, justo enfrente de la entrada, deberás anotar los dos números de las páginas donde están las entradas de débito y crédito.

Es decir, debes poner el número de la página de débito arriba y el número de la página de crédito debajo, como hemos hecho anteriormente en la entrada de efectivo. Entonces ingresarás de inmediato en el índice alfabético a este deudor y a este acreedor, cada uno en su propia letra como te he dicho antes.

Es decir, efectivo en la letra C[40], diciendo de esta manera: Efectivo, página 1. Y capital también en la letra C, diciendo: Capital que me pertenece, página 2. Y así sucesivamente, deberás ingresar a todos los acreedores

---

[40] Nota del Traductor: Por simplicidad he mantenido la letra C del original de Geijsbeek, quien, al traducir al Inglés, tenía el término cash en mente.

bajo sus respectivas cartas, para que puedas encontrarlos fácilmente en el Libro Mayor mencionado.

Ten en cuenta que, si por casualidad pierdes este Libro Mayor por robo, incendio, o naufragio, si encuentras cualquiera de los otros dos libros, es decir, el libro de memorándum o el libro diario, puedes, por medio de este libro, siempre recrear otro Libro con las mismas entradas, día a día, e introducirlos en las mismas páginas en las que estaban en el último libro. Esto pasa especialmente si tienes el Diario en el que, cuando has anotado las diferentes entradas en el Libro Mayor, escribiste en el margen, los dos números de la página de entrada de débito, y la página de entrada de crédito, uno encima del otro, cuyos dos números indicaban las páginas del libro mayor donde se habían ingresado las dos entradas. De esta manera puedes duplicar tu libro mayor. Esto es suficiente para el posteo de una entrada.

Para las segundas entradas, que se refieren a piedras preciosas, deberás registrar en el Libro Mayor de la siguiente manera:

PRIMERO, sin que te lo diga de nuevo, debes escribir en la parte superior de la página la fecha, si no ha habido ninguna fecha escrita antes debido a otra cuenta, porque a veces en la misma página se hacen dos o tres cuentas. A veces no le darás mucho espacio a una cuenta especial porque sabes que no tendrás que usar esa cuenta nuevamente. Por lo tanto, le darás a esta cuenta un espacio menor que el espacio que le das a otras cuentas que tuviste que usar más, como hemos dicho anteriormente en el capítulo 13, hablando de efectivo y capital, al que le damos la página entera del Libro

Mayor, ya que tenemos que usar estas dos cuentas con frecuencia por muchas transacciones.

Ahora bien, después de haber encontrado el lugar adecuado (en el libro mayor), deberás anotar a la izquierda, porque el deudor siempre debe estar a la izquierda, lo siguiente:

Piedras preciosas de muchos tipos de débito el 8 de noviembre, por capital, para tantas piezas, etc., pesando _____ Libras, tantos se y tantos zafiros, etc., y tantos rubíes, etc., y tantos diamantes sin pulir a granel, por un valor de $ _____.00

Deberás cancelar este artículo en el Diario en el lado del débito trazando una línea como te he dicho en el Capítulo 12. Y luego irás a capital, y registrarás en esta entrada con menos palabras, por las razones expresadas anteriormente en este capítulo, escribiéndola en el lado del crédito debajo de la primera entrada que ya has hecho, y te expresarás de esta manera:

En el día _____, para piedras preciosas de varios tipos, como aparece en la página 3 : por el siguiente el valor: _____.

Después de lo cual debes trazar otra línea en el lado de crédito del Diario, como he mostrado en el capítulo 12; pondrás en el margen los dos números de las páginas del Libro Mayor en las que has hecho estas anotaciones, uno encima del otro, como te he dicho. Les decimos, por ejemplo, que has introducido la entrada de débito en la página 3; La entrada mayúscula seguirá apareciendo en la página 2, siempre y cuando esa página no esté llena.

Este ejemplo te guiará en otros casos. Después de haber hecho las entradas en el Libro Mayor y haberlo marcado en el Diario, lo pondrás de inmediato en el índice como te he dicho anteriormente en este capítulo, bajo la letra P (de piedra preciosa o en cualquier otra letra que tenga sentido para ti)[41].

---

[41] Nota del Traductor: Pacioli hace referencia a la distinta pronunciación de la palabra piedra preciosa en Toscana y en Venecia. Su concejo es hacer uso de la letra que sea más práctica para el tenedor de libros.

Capítulo 16

Forma en que se registran en el débito y crédito las partidas de inventario en el mayor.

Puedes pasar con facilidad el Inventario que tienes en el Libro Diario al Mayor con los ítems que ingresaste en la forma en que explicamos en el Capítulo 6[42].

El inventario no está en el libro de memorandos (como lo hemos dicho antes). Y en cuanto a cómo hacer estas entradas en el Diario y el Libro Mayor, y en cuanto a cómo registrarlas en el Índice, lo dejaré a tus habilidades en las que confío bastante.

Vamos a proceder a ingresar en el Diario, así como en el Libro Mayor, el próximo elemento (del Inventario). Esta debe ser una instrucción suficiente para que puedas hacer cualquier otra entrada relativa a mercancía. Siempre debes tener en cuenta los usos generalmente aceptados en la plaza tales como el

---

[42] Nota del Traductor: Pacioli menciona 4 items de inventario que él llama artículos personales. En la mente de Pacioli no existe división entre la contabilidad del negocio y los artículos personales del comerciante. En este capítulo hemos decidido ignorar esta particularidad de la contabilidad de Pacioli que mezclaba ítems personales con comerciales.

número, pesos, medidas y valores de acuerdo con las diferentes formas en que es costumbre realizar compras o ventas entre comerciantes en el Rialto[43], o en otros lugares.

No es posible dar ejemplos para todas estas operaciones, pero de los pocos que damos aquí podrás entender cómo realizar cualquier otra entrada. Esto lo hacemos para mantener la obra corta y por lo tanto te daré este ejemplo de registros en el Libro Diario[44]:

Per jengibre a granel o paquete - te expresarás como quieras - // A ídem --- por el cual se entiende el capital, porque, como ya lo mencionamos en el capítulo anterior, cuando ingresaste tu segundo ítem del inventario, es decir, piedras preciosas, como dijimos en el capítulo 12: Poseo en este día tantos paquetes que pesan tanto, o poseo tantas libras, si es a granel, según los precios corrientes, de un valor por ciento o por libra, de tantos ducados; en total les doy el valor de tantos dólares[45].

Después de haber registrado esto en el Libro Diario, deberás cancelarlo en el libro de memorándum o inventario, como hemos dicho en el capítulo 12. Tal como hemos dicho, así como de cualquier anotación realizada en el Diario, deberás hacer dos asientos diferentes en el Libro Mayor; es decir, uno en el débito y el otro en el crédito (Ver Capítulo 14).

---

[43] El Rialto es el sector comercial de la Venecia de Pacioli.
[44] Pacioli menciona una gran cantidad de ciudades, pesos, dimensiones y otras características de productos que hemos obviado en esta traducción.
[45] La versión original usa Ducados pero nosotros le hemos puesto un término más actual al lector.

Al hacer la anotación en el Libro Mayor en el débito, deberás proceder de esta manera: Primero deberás poner el año, en caso que no esté este dato, en la parte superior de la página, sin poner allí el día, porque, como hemos dicho en Capítulo 15, no es costumbre poner el día al principio de la página del Libro Mayor porque en esa misma página se pueden realizar varios asientos bajo el débito y el crédito que, si bien pertenecen al mismo año, se refieren a transacciones realizadas en diferentes meses y días.

Incluso si en esa página del Libro Mayor solo hubiera una entrada de efectivo u otra entrada, el día puesto en la parte superior de la página no tendría sentido porque, debajo de dicha entrada, sería necesario escribir transacciones que ocurrieron en diferentes meses y días. Por esta razón, los contadores experimentados nunca ponen el día en la parte superior de las páginas en los libros de contabilidad mercantil, ya que vieron que no había justificación para ello. Debes hacer esta entrada en el débito (en el Libro mayor) de la siguiente manera:

Jengibre a granel, o tantos paquetes, (en el débito) el 8 de noviembre por capital, por tantas piezas, que pesan tantas libras, que en este día tengo en mi tienda, o en casa en mi casa, y que según los precios actuales valen tantos dólares[46] y en total tantos dólares. (En la Página 2)

Cancelarás esta entrada en el lado de débito del Diario, es decir, a la izquierda, como te he dicho a menudo, y luego la ingresarás en el lado del crédito bajo Capital,

---

[46] Nota del Traductor: Pacioli usa el término Ducados pero nosotros lo hemos traducido como dólares.

como te he mostrado al ingresar el artículo de piedras preciosas en el capítulo 15, es decir:

	Jengibre	Capital
Nota del Traductor: En un salón de clases trataríamos de llevar esto a Cuentas T de la siguiente forma ya Pacioli indica el saldo débito del activo (jengibre) y el saldo crédito de la cuenta de capital.	100	100

Lo mismo ocurre con el jengibre a granel o paquetes, etc. ; (En la Página 3).

Después de haberlo ingresado de esta manera, deberás cancelar la entrada en el lado de crédito del Diario, es decir, a la derecha, como te he mostrado antes, y también deberás anotar en el margen los números de las páginas respectivas del Libro Mayor por encima de los otros, es decir, tres arriba y dos abajo, ya que hiciste la entrada de débito en la página 3 y la entrada de crédito en la página 2, y luego deberás ingresarla en el índice o repertorio bajo su letra respectiva, que puede ser Z o G, por las razones dadas en el capítulo anterior[47].

---

[47] Nota del Traductor: Aquí Pacioli hace referencia a dos letras porque el italiano de su época no había estandarizado el término y, por lo tanto, se escribía con Z o G dependiendo de la ciudad donde se estaba.

Capítulo 17

Cómo llevar cuentas con las oficinas públicas y por qué[48].

No te daré más reglas para los otros artículos, es decir, artículos de cuero para revestimientos, curtidos o crudos, etc., para cada uno de los cuales deberás hacer anotaciones en el Diario y el Libro Mayor, escribiendo cuidadosamente sin olvidar nada, porque el comerciante debe tener una comprensión mucho mejor de las cosas que un simple carnicero.

Si tienes cuentas en el Banco Municipal (la Camera de L'Impresti), o en otros bancos, como en Florencia, o en el Monte de La Dote, en Génova, así como oficinas similares con las que tienes negocios, asegúrate de mantener estas cuentas muy claramente y obtén buenas pruebas escritas en cuanto a débitos y créditos en la letra de los empleados de esas instituciones. Este consejo lo seguirás cuidadosamente, por razones que se explicarán en el capítulo sobre documentos y cartas.

---

[48] Pacioli hace referencia en su libro a "LA CAMERA DE L'IMPRESTI" un banco de préstamos municipales que en Venecia era administrada por distritos que tenía esa ciudad.

Debido a que en estas oficinas a menudo cambian a sus empleados, y como a cada uno de estos empleados le gusta mantener los libros a su manera, siempre están culpando a los empleados anteriores, diciendo que no mantuvieron los libros en buen estado, y siempre están tratando de hacerte creer que su forma de hacer las cosas es mejor que la de sus predecesores, de modo que a veces mezclan las cuentas en los libros de estas oficinas de tal manera que no se corresponden con nada. ¡Ay de ti si tienes algo que ver con estas personas! Por lo tanto, ten mucho cuidado al tratar con ellos, y sé observador en casa y mantente alerta. Tal vez tengan buenas intenciones, sin embargo, pueden mostrar ignorancia.

De esta misma manera, debes llevar cuentas con los oficiales de la oficina de impuestos en cuanto a las cosas que puedes vender o comprar, las cosas que cultivas, las cosas que plantas, etc., como es costumbre en Venecia donde la gente está acostumbrada a llevar una cuenta a través de la oficina de la *Messetaria*, algunos al 2%, otros al 1% y otros al 4%. Debes mencionar el libro del corredor a través del cual se realizó la transacción, y también mantener la marca especial que el corredor tiene en este libro, es decir, el libro en el que hace un registro de la transacción de mercado en dicha oficina que llaman *"Chiamans"* en Venecia. Porque cada corredor tiene un libro en dicha oficina, o un lugar en el libro de dicha oficina, en el que tiene que hacer un registro de todas las transacciones que tiene con los ciudadanos de la ciudad o con extraños. Si el corredor no hiciera eso, sería despedido y multado.

Y justamente la gloriosa república de Venecia los castiga a ellos y a sus empleados que actúan en forma indebida. Sé de muchos que en los últimos años han sido fuertemente castigados, y tienen razón en tener un oficial cuyo único deber es supervisar a todos estos oficiales y sus libros cuando no estén bien llevados, etc.

Capítulo 18.

Cómo debe mantenerse las cuentas con la oficina de la Mesetiaria en Venecia. Cómo agrupar las entradas correspondientes en el libro de memorandos, diario, mayor y préstamos.

Cuando desees hacer negocios con dichas oficinas, siempre deberás cobrar a la Camera de L'Impresti (banco municipal de préstamos) el porcentaje de todos sus fondos o capital, nombrando el distrito donde reside. Así mismo, por el importe de las ventas diarias ya que muchas son las ventas que realizarás para ti mismo o para terceros, como saben aquellas personas que están familiarizadas con el Rialto. Ten cuidado de poner el nombre de la parte que compra y el lugar de negocios, etc. Cuando retires dichos fondos, siempre debes acreditar a dicho banco, día por día y distrito por distrito.

Al hacer negocios con la oficina de la *Messetaria* (intercambio), deberás mantener la cuenta de esta manera: Cuando compres cualquier mercancía a través de corredores, deberás acreditar a la oficina de la *Messetaria* el 2% o el 3% o el 4% del monto total, y lo cargarás a esa mercancía específica, porque así lo estás pagando, etc.

Por lo tanto, el comprador, cuando efectúe pagos al vendedor, debe retener siempre ese porcentaje, independientemente de si los pagos se efectúan en efectivo o de otro modo, ya que dicha oficina no concede nada excepto la tasa (%) a la que se aplica y a la que tiene derecho. Los corredores hacen un informe de la transacción, cómo y para qué y con quién se realizó, con el fin de tener las cosas claras en caso de que surja alguna pregunta, cosa que pueda suceder.

Un proverbio común dice: Quien no hace nada, no se equivoca.

Si surgiera alguna cuestión y las partes desearan resolverla, irían y examinarían los registros de la transacción realizada por el corredor, a los registros, de acuerdo con los decretos públicos, ya que se da plena fe como que fueran un documento de un notario público, y de acuerdo con estos registros muy a menudo los jueces de los comerciantes emiten su fallo.

Yo digo, entonces, cuando compras cualquier cosa, siempre debes saber lo que se le debe a la *Mesetiaria*, y retener la parte de esto de lo que pagas al vendedor; es decir, si la cosa particular que compras está sujeta a un pago del 4% a esa oficina, según los decretos públicos de la República, retienes el 2% de lo que le das al vendedor. Le das mucho menos para que reciba lo que se le debe. Entonces se convertirá en deudor por el monto total que se le debe a dicha oficina, y acreditarás dicha oficina con ella en tu libro mayor cuando mantengas una cuenta en esa oficina y la cargas a los bienes que hayas comprado, como hemos dicho, porque esa oficina no se interesa en la parte que vende, sino en la parte que compra.

De acuerdo con esto, el comprador podrá sacar de los almacenes oficiales mercancía en proporción a la intermediación pagada y de acuerdo con tus libros mantenidos en el mostrador de envío, ya sea por tierra o por mar. Por lo tanto, los comerciantes deben mantener una cuenta cuidadosa con dicha oficina para que sepan cuánta mercancía pueden sacar. No se les permite sacar más de lo que han comprado a menos que hayan pagado el corretaje adicional.

De estas compras, te daré aquí un ejemplo y cómo la transacción con dicha oficina debe registrarse en el Diario y en el Libro Mayor.

Primero, debes registrar en el libro de memorandos de la siguiente manera:

Yo (o nosotros), en este día antes mencionado, he comprado al Sr. Zuan Antonio, de Messina, tantas cajas de azúcar y tantos panes del peso siguiente _____ Lbs, que es, sin las cajas, envoltorios, cuerdas y paja, así que la cantidad de _____ libras a tantos ducados por ciento; Deduzco por lo que se debe a la *Messetaria* a razón de tanto por ciento, tantos *ducados, etc*. El corredor era el Sr. Zuan de Gaiardi; valor neto, tantos *ducados* _____, pagados en efectivo.

El mismo deber debe anotarse en el diario de la siguiente manera:

Per azúcar // A Efectivo. Dinero pagado al Sr. Zuan Antonio de Messina por tantas cajas y tantos panes, del peso neto _____ libras, es decir, sin las cajas, envoltorios, cuerdas y paja tantas libras; a tantos ducados por cien, equivale a la siguiente cantidad de _____ ducados; Deduzco lo que se debe a la *Messetaria* en tanto por ciento., tantos ducados, etc. El corredor fue el Sr. Zuan de Gaiardi.

En el libro mayor deberás hacer las entradas de la siguiente manera: Azúcar débito contra efectivo. Dinero en efectivo pagado al Sr. Zuan Antonio de Messina por tantas cajas y tantos panes, pesando netos la cantidad de _____ libras, a tantos ducados por ciento, lo que equivale a _____ ducados (Página 1)

Y deberás acreditar en efectivo con la misma cantidad, y siempre deberás acreditar a la *Messetaria* con el doble de la cantidad que retengas del precio pagado al vendedor, es decir, por la comisión acordada por el vendedor y por ti.

Inmediatamente después, deberás hacer otra entrada acreditando a dicha oficina con dicho azúcar y cobrando dicha mercancía. Esto servirá para una compra en efectivo. Ahora consideraremos uno hecho en parte en efectivo y en parte a tiempo.

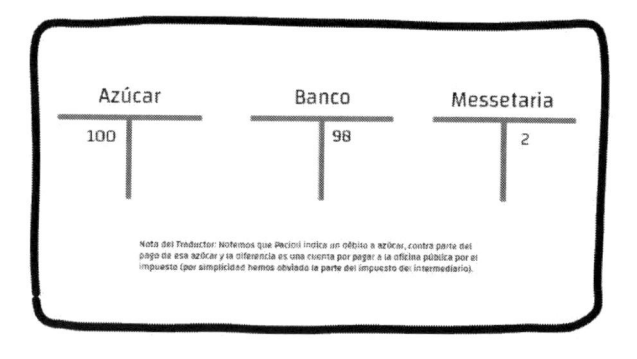

Azúcar	Banco	Messetaria
100	98	2

Nota del Traductor: Notemos que Pacioli indica un débito a azúcar, contra parte del pago de esa azúcar y la diferencia es una cuenta por pagar a la oficina pública por el impuesto (por simplicidad hemos obviado la parte del impuesto del intermediario).

Primero, en el libro de memorandos dirás lo siguiente: En efectivo y a tiempo en tal y tal día, he comprado en la fecha mencionada del Sr. Zuan Antonio de Messina tantos panes de azúcar de Palermo, que pesan tantas libras netas, tantos ducados por ciento, haciendo un total de _____ ducados. Esto es parte del pago; para el resto tendré tiempo para pagar hasta todo el mes de agosto próximo, etc. El corredor era el Sr. Zuan Gaiardi.

Debes comprender que no necesitas tener un documento escrito que contenga los términos de la transacción, ya que el corredor lo registrará en dicha Oficina. Este registro es suficiente para ti, pero como precaución, a veces las personas requieren un contrato.

Harás la anotación en el Diario de la siguiente manera:

Primero acreditarás al Sr. Fulano de Tal por el monto total, y luego te cobrarás por el dinero que ha recibido.

JESÚS 1493[49]

En tal y tal día de tal y tal mes por azúcar / tantos panes, pesando tantas libras netas en tantos ducados por ciento, haciendo un total de tantos ducados; deduciendo por su parte del corretaje tanto por ciento., tantos ducados, dejando un saldo neto de tantos ducados, de los cuales ahora tengo que pagar tantos, y en cuanto al resto tengo tiempo hasta finales del próximo mes de agosto. El corredor era el Sr. Zuan de Gaiardi; valor: _____ ducados.

Inmediatamente después, acredito a la oficina de la Messetaria con la comisión de la siguiente cantidad

---

[49] Este es el encabezado del ejemplo que está dando Pacioli. En su usanza se comenzaba invocando a Jesucristo.

_____ que le corresponde a ella: Per ditto // A Oficina del *Messetaria*. Por la cantidad antes mencionada, es decir, tantos ducados a una tasa de tanto por ciento, por mi parte y por la parte del deudor (vendedor), lo que asciende a tantos ducados.

Para el pago en efectivo, deberás cobrarle y acreditar en efectivo de la siguiente manera:

Per el Sr. Zuan Antonio de Messina // A Efectivo. Por dinero en efectivo le pagó por el pago parcial de dicho azúcar de acuerdo con los términos de la transacción, tantos ducados, como se desprende de su recibo escrito de puño y letra. Valor: _____ ducados.

En el Libro Mayor deberás anotar como sigue:

El débito del azúcar en tal y tal día de noviembre, por Zuan Antonio de Messina, tantos panes, pesando tantas libras netas, etc., en tantos ducados por ciento, sumando un total, neto del corretaje; (Página 4)

Estos elementos se consignarán en la columna de crédito de la siguiente manera:

Sr. Zuan Antonio de Messina, crédito por azúcar tantos panes, pesando tantas libras netas, a tantos ducados por cien, cantidad neta de corretaje, tantos ducados, de los cuales ahora debo pagar tantos ducados, y para el resto tengo tiempo hasta finales del próximo mes de agosto. Corredor, Sr. Zuan de Gaiardi (Página 4) valor siguiente: _____.

Para el pago en efectivo, deberás poner en la columna de débito:

Sr. Zuan, débito en tal y tal día, etc., por efectivo a él entregué una parte del pago sobre el azúcar- he recibido de él de acuerdo con nuestro acuerdo tantos ducados, como se muestra por su propia letra en el libro; (página 1)

La cuenta de la Mesetiaria en el Libro Mayor será la siguiente:

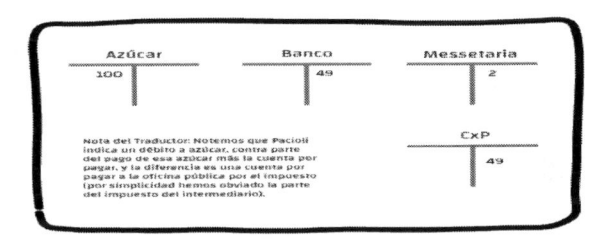

```
   Azúcar           Banco           Messetaria
    100              | 49              | 2

                                       CxP
Nota del Traductor: Notemos que Pacioli         | 49
indica un débito a azúcar, contra parte
del pago de esa azúcar más la cuenta por
pagar, y la diferencia es una cuenta por
pagar a la oficina pública por el impuesto
(por simplicidad hemos obviado la parte
del impuesto del intermediario).
```

Oficina de la Mesetiaria, crédito, en tal y tal día, por el azúcar comprado al Sr. Zuan Antonio, de Messina, por la cantidad de tantos ducados, a tantos ducados por ciento. Corredor, Sr. Zuan de Gaiardi (Página, etc.)

Capítulo 19

Cómo debemos hacer las anotaciones en nuestros libros de relaciones públicas de los pagos que tenemos que hacer ya sea por giro o a través de banco.

Y en cuanto a las compras, esto debería ser suficiente para orientarte, ya sea que el pago de la compra se realice todo en efectivo o parte en efectivo y parcialmente a plazos; o parte en efectivo o parte en letras de cambio o pagarés o a través del banco; o parte en efectivo y parte a través del banco; o parcialmente a través del banco y parte a plazos; o parte del banco y parte de la letra de cambio; o parte a través del banco, parte en efectivo, parte en letra de cambio y en parte en especie, etc.

Porque de todas estas maneras es costumbre hacer compras, y en cada caso deberás hacer registros, primero en el Libro Borrador, luego en el Diario, luego en el Libro Mayor, tomando como guía el ejemplo anterior.

Pero cuando realizas un pago parte a través del banco y parte por letra de cambio, entrega primero la letra de cambio y luego liquida a través del banco, que es más seguro. Muchos observan esta precaución por buenos motivos, siempre que tienen que hacer pagos en efectivo para liquidar este saldo en el banco, etc. Si realizas pagos parcialmente a través del banco, parte intercambiando algo o parte con una letra de cambio y parte en efectivo, deberás cobrar al vendedor por todas estas cosas y acreditarás cada uno de estos ítems, cada ítem en su propio lugar.

Si sabes cómo registrar la transacción cada vez que realizas compras, también sabrás lo que tienes que hacer cuando vendas. Con esta facilidad, deberás cobrar a los diferentes compradores y acreditarás los diferentes bienes que vendas y cobrarás en efectivo si obtienes dinero por los mismos, y cobrarás letras de cambio si obtiene una letra de cambio en pago, y acreditarás esta última cuando el banco pague el cambio.

Por lo tanto, volviendo a la compra, se debe acreditar al comprador todo lo que te da en pago, etc.

Esto será suficiente para que puedas funcionar en estos temas.

Capítulo 20

Registros de la intermediación y sociedad mercantil[50].

Ahora hablaremos de cómo se deben hacer ciertas entradas bien conocidas y peculiares que son de la más alta importancia en el comercio, y que generalmente se mantienen separadas de las demás para que puedan mostrar sus respectivas ganancias y pérdidas. Estas entradas cubren operaciones, viajes de negocios, comunicaciones de terceros, giros o letras de cambio, operaciones reales, cuentas de tiendas, etc. Te contaré brevemente sobre estas cuentas, cómo debes hacer las entradas en tus libros para que no mezcles en tus asuntos personales con los de la empresa.

Primero, mostraremos cómo registrar un comercio[51].

---

[50] Nota del Traductor: En los tiempos de Pacioli no existían sociedades mercantiles como las conocemos hoy. De hecho, la primera compañía por acciones como la conocemos hoy empezó con la VOC Holandesa en una época posterior a Pacioli. Por lo tanto, el lector no debe pensar que Pacioli conocía lo equivalente a la Sociedad Anónima que usamos en los países latinoamericanos o las Corporations que escuchamos en USA. La idea de Pacioli debe entenderse como anterior a la existencia de esta figura y, por lo tanto, como una proto-sociedad mercantil.

[51] Nota del Traductor: Pacioli se refiere a las formas en las que se puede hacer una sociedad mercantil con otros socios.

Los oficios suelen ser de tres tipos, como dijimos en la Sección 9 del Tratado III, 9 páginas 161 a 167[52], donde se establece completamente y se puede hacer referencia a él.

Por lo tanto, digo que cualquiera sea la forma en la que hagas un registro de una operación en tus libros, lo primero que debes ingresar en el libro de memorandos, es el detalle de tus materiales, condiciones y si se realizó a través de un corredor.

Después de haberlo descrito así, al final le pondrás un valor monetario; y pondrás dicho precio de acuerdo con el valor corriente que las cosas que has intercambiado tienen; este es el tipo de moneda que usarás en el libro de memorandos. Después, el contador, cuando transfiera la entrada al Diario y al Libro Mayor, usará este tipo de moneda que tú has adoptado.

Esto se hace porque, sin ingresar el valor de las cosas que has negociado, no podrías, de tus libros llegar a saber, excepto con gran dificultad, cuál es tu ganancia o pérdida. La mercancía siempre debe reducirse al valor monetario real para poder analizarla (en los libros).

Puedes llevar una cuenta separada de los bienes recibidos en el comercio, si deseas hacerlo, para saber cuánto ganas con ellos en forma individual para conocer cuánto fue tu ganancia en este ítem. También puedes mantener una sola cuenta de todos los bienes, por ejemplo, si ya tienes jengibre y obtienes más jengibre a través de un comercio. En este caso, deberás hacer las entradas en el Diario de la siguiente manera:

---

[52] <u>Nota del Traductor</u>: Esta numeración corresponde al original y no a esta traducción.

Per jengibre a granel o en paquetes // A azúcar, tal y tal tipo, tantos paquetes, que pesan tantas libras. Recibido de un comercio de azúcar de esta manera: _____, valoré el azúcar 24 ducados por cien, de los cuales debería recibir un tercio en efectivo, y el jengibre en tantos ducados por cien. Dicho azúcar está en ___ paquetes que pesan tantas libras, por valor de 20 ducados por cien, y por dicho jengibre recibí tantas libras de azúcar y en tantos paquetes, y su valor es: _____ ducados.

Y si no sabes exactamente cuántas barras de azúcar has recibido a cambio del jengibre, no importa, porque puedes corregir el monto en el siguiente registro sumando o restando la cantidad que ingreses. También puedes corregirlo a través de la entrada de efectivo. Por el contrario, tú conoces con exactitud el peso y el valor del dinero, y no pierdes nada en ninguno de los dos por no saber el número de las barras de azúcar. No siempre es posible mantener un informe de todos los pequeños detalles.

Luego debitarás efectivo por cualquier efectivo que hayas recibido, y acreditarás el azúcar de la siguiente manera:

Por efectivo // A ídem. En dicho comercio recibí dinero en efectivo de tal y tal por tantos bultos de azúcar que pesaban _____ libras por el siguiente valor: _____.

Debes registrar en el diario todos estos ítems tan pronto hayas realizado las transacciones y debes registrar el nombre de la mercancía. Si quieres llevar esta mercancía en forma separada a las demás usa este registro:

Per Jengibre recibido por el comercio de fulano de tal, etc., // A azúcar, etc., indicando todo lo que se muestra arriba. En el libro mayor, entonces tendrán cuentas separadas.

Esto te será suficiente para para todo tipo de operaciones.

Capítulo 21

La otra entrada de la Sociedad Mercantil y cómo debe ser llevada en los libros.

La otra entrada bien conocida es la compra de cualquier cosa en sociedad[53] con otras personas, como sedas, especies, algodón, tintes o casas de cambio, etc. Todas estas cuentas deben anotarse en los tres libros en forma separada de tus libros.

En el primero, es decir, el libro de memorandos, después de anotar la fecha en la parte superior, indicarás de manera sencilla todas las compras con términos y condiciones, refiriéndose a papeles u otros instrumentos que hayas podido realizar, indicando por cuánto tiempo se hizo y cuáles eran sus objetos, mencionando a los empleados y aprendices que debías mantener, etc., y la parte, y cuánto cada uno de ustedes pone en el negocio, ya sea en bienes o efectivo, etc., quiénes son los deudores y quiénes son los acreedores.

---

[53] Nota del Traductor: Tal como mencionamos en el capítulo anterior, el término sociedad, no es una entidad jurídica en el sentido en que entendemos hoy a los vehículos corporativos ya que este concepto no se había desarrollado aún en tiempos de Pacioli.

Debes acreditar a los socios por la cantidad que cada uno de ellos contribuye, y deberás debitar efectivo con el mismo si mantiene la cuenta con la tuya. Pero es mejor para el negocio si mantienes esta cuenta de efectivo separada de la tuya ya que tú eres la cabeza del negocio, y en tus oficinas debes conservar un juego separado de libros en el mismo orden y forma que hemos mostrado anteriormente. Esto te facilitará las cosas. Sin embargo, puedes mantener todas estas cuentas en tus propios libros personales abriendo nuevas sub-cuentas que, como hemos dicho, se pueden mantener separadas de todos los demás, y te mostraré aquí cómo ingresarlos en el Libro Diario y luego en el Mayor, pero si mantienes libros separados, no te daré ninguna otra instrucción, porque lo que he dicho hasta ahora será suficiente.

Lo harás de la siguiente forma: En este día hemos hecho un contrato con tal y tal, y tal y tal, conjuntamente, para comprar lana, etc., bajo términos y condiciones, etc., como aparece de tal o cual papel o tal y tal instrumento, durante tantos años, etc. Así y tal puesto como su parte en la sociedad, tanto en efectivo; el otro puso tantos fardos de lana francesa, pesando tantas libras netas, etc., estimado en tantos ducados, etc. El tercero, tal y tal, puso tantos créditos, a saber, uno para tantos ducados, etc.

Luego, en el Diario, poniendo todo en su lugar, te imaginarás que tienes el efectivo de una sociedad y el capital de una sociedad; de modo que en cada entrada que realices, siempre deberás inspeccionar las cuentas de la sociedad para que puedas distinguirlas de tus propias entradas. Primero, realiza la entrada de efectivo y luego la siguea sistemáticamente por las otras entradas:

Per efectivo de la sociedad // A cuenta del socio _____ para que si tienes otras cuentas, no se confunda y así se ponga en este día como su parte de acuerdo con nuestro acuerdo como se desprende del contrato firmado el día _____ y con un valor de _____.

Luego mencionarás las otras cosas que han contribuido:

Per lana francesa // A la cuenta de un socio, para tantos fardos que pesan en total, neto, tantas libras, como todos nosotros, a tantos ducados por bulto, según los términos del contrato que hemos hecho, en el día _____ y con el siguiente valor: _____.

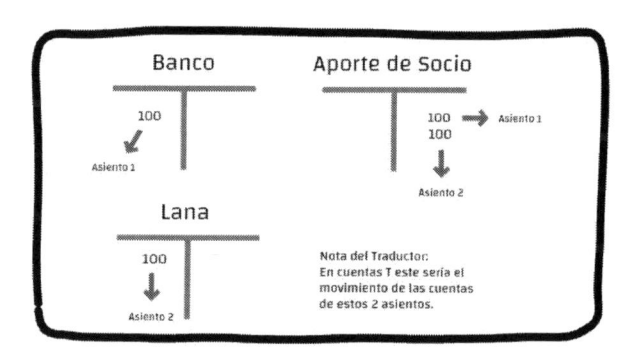

```
        Banco              Aporte de Socio
         |                        |
    100  |                   100  →  Asiento 1
     ↓   |                   100
   Asiento 1                  ↓
                            Asiento 2
         Lana
          |
     100  |         Nota del Traductor:
      ↓   |         En cuentas T este sería el
    Asiento 2       movimiento de las cuentas
                    de estos 2 asientos.
```

Y así sucesivamente para los otros artículos diferentes, y en cuanto a las facturas vencidas que se han puesto en la Compañía, deberás declarar de esta manera:

Per el Sr. Fulano de Tal, cuenta de la Sociedad // A tal y tal, de acuerdo con nuestro acuerdo, que ha transferido a la Asociación como una factura al precio de _____.

Ahora que te he dado una especie de introducción a las nuevas entradas, no voy a ir más lejos, ya que sería una cosa muy tediosa repetir todo lo que he dicho.

Y no diré nada sobre la forma en que hacer las entradas en el Ledger[54], ya que sé que será fácil para ti saber lo que debe ser qué registrarás como débito y qué como crédito del Diario. Las ingresarás en consecuencia, como te he dicho en el capítulo 15, y cancelarás estas entradas en el Diario como te dije en el capítulo 12, siempre escribiendo en el margen justo enfrente de ellas el número de las páginas de débito y crédito del Libro Mayor, y a medida que ingreses en el Libro Mayor, también las ingresarás en el índice, como te he dicho repetidamente antes.

---

[54] El Ledger es el Mayor General. En esta traducción usaremos Ledger y Mayor General en forma indistinta para familiarizar al lector con estos términos sinónimos.

Capítulo 22

Forma en que se registran los gastos de tu casa, ordinarios y extraordinarios, los gastos del negocio y los de tus empleados.

Además de los registros hechos hasta ahora, deberás aperturar las cuentas siguientes en tus libros: gastos mercantiles, gastos ordinarios del hogar, gastos extraordinarios y contabilizar lo que se cobra y lo que se paga; uno para ganancias y pérdidas, cuyas cuentas son muy necesarias en cada momento para que el comerciante pueda saber siempre qué tiene como capital y al final, cuando se realice el cierre del periodo, cómo va su negocio.

Mostraré aquí con suficiente claridad cómo deben mantenerse estas cuentas en los libros. La cuenta llamada "gastos de pequeñas empresas[55]" se mantiene porque no podemos ingresar cada pequeña cosa en la cuenta de la mercancía que vende o compra. Por ejemplo, puede suceder que después de unos días, por estos bienes que vendas o compres, tengas que pagar al porteador, al pesador, al empacador, al remitente y

---

[55] Nota del Traductor: Esta cuenta sería lo que hoy llamaríamos Petty Cash o Caja Menuda.

al conductor, y otros, pagando a este 1 centavo, al otro 2 centavos, etc.; Si deseas mantener una cuenta separada para cada una de estas transacciones diferentes, será demasiado difícil y excederá el costo beneficio de ese esfuerzo. Como dice el proverbio:

"Los funcionarios no se molestan con los detalles pequeños."

Y puede ser que tengas que emplear a esas personas (conductores, porteadores, cargadores y empacadores) para diferentes cosas, ya que, por ejemplo, es posible que los necesites para estibar las mercancías en puerto, y las emplearás y tendrás que pagarles por todos los servicios a la vez, y no podrás cobrar los diversos tipos de productos proporcionando estos gastos. Por lo tanto, abre esta cuenta que se llama "todos los gastos comerciales", que siempre se usa en el débito al igual que todos los demás gastos. Ingresas en esta cuenta los salarios de los empleados de tu tienda, pero debes mantener una cuenta separada de los salarios que pagan para que sepan cuánto es el gasto de salarios cada año, etc. Esto también debe aparecer siempre como un débito. Si la cuenta está en crédito, esto demostraría que hay un error.

Por lo tanto, registrarás lo siguiente en el libro de memorandos:

En este día hemos pagado a conductores, cargadores, empacadores, pesadores, etc., que cargaban y descargaban tales mercancías, la siguiente cantidad _____. Luego en el Diario registrarás lo siguiente:

Per gastos de pequeñas empresas // A efectivo. Dinero en efectivo pagado por barcos, cuerdas, etc., por tales y tales bienes con el valor de _____.

En el Libro Mayor, deberás indicar lo siguiente:

Gastos de pequeñas empresas débito por efectivo en este día, etc., con el valor de _____; a la página _____, etc.

No podemos prescindir de la cuenta de los gastos ordinarios del hogar. En estos gastos nos referimos a gastos de granos, vino, madera, aceite, sal, carne, zapatos, sombreros, medias, telas, propinas, gastos de sastres, barberos, panaderos, limpiadores, etc., utensilios de cocina, jarrones, vasos, toneles, etc.

Muchos mantienen diferentes cuentas para todas estas cosas diferentes, para que puedan ver de un vistazo cómo se encuentra cada cuenta, y tú puedes hacerlo y abrir todas estas cuentas diferentes, y cualquier cuenta que desees. Sin embargo, de esta no puedes prescindir. Y mantendrás esta cuenta de la manera en que te he dicho que lleves la cuenta de gastos de pequeñas empresas, y registrarás cada entrada día a día como tienes tales gastos, como grano, vino, lana, etc. Muchos abren cuentas especiales para estas cosas diferentes para que al final del año o en cualquier momento puedan saber cuánto están pagando; Pero para las cuentas pequeñas, como carne, pescado, tarifas de barco, etc., deberás reservar en una caja chica y hacer pequeños pagos de estos ítems. Será imposible llevar una cuenta cabalmente ordenada de todas estas pequeñas cosas.

En el Diario se indicarás lo siguiente:

Per Gastos del Hogar // A efectivo. Dinero en efectivo reservado en una caja chica por el valor de _____.

Si lo deseas, puedes incluir en los gastos del hogar los gastos extraordinarios, como los que destinas para diversiones o que pierdes en juegos de azar, o por cosas o dinero que podrían deteriorarse, o que podría ser robado o perdido en un momento o por incendio, etc., todos estos gastos se clasifican como gastos extraordinarios. Si deseas llevar una cuenta separada para ellos, puedes hacerlo, como muchos lo hacen, para saber al final del año cuánto has gastado en gastos extraordinarios, y qué cuenta debe incluir también regalos que realices a cualquiera por cualquier motivo. De estos gastos, no hablaré más, porque estoy seguro de tú, teniendo en cuenta lo que hemos dicho hasta ahora, sabrás cómo manejarte. Y dejando este tema, te contaré la forma de abrir tus cuentas de tienda en el Libro Mayor y en otros libros como si quisieras realizar una tienda por tu propia cuenta. Te diré que debes prestar mucha atención en este tema.

Capítulo 23

Los libros del dueño de un establecimiento y cómo deben mantenerse separados de los de su casa[56].

Digo entonces que si debes tener una tienda fuera de tu casa (sucursal) y no en el mismo edificio donde está tu casa, pero que tienes totalmente equipada, entonces, en aras del orden, debes llevar las cuentas de esta manera: Debes registrar en tus libros con todas las cosas diferentes que pones en él, día a día, y deberías acreditar todos los diferentes artículos que tiene en ese lugar y hacerte la idea de que esta tienda es como una persona que debe ser tu deudor por todas las cosas que tú puedes darle o gastar por ella por cualquier motivo. Y así, por el contrario, lo acreditarás con todo lo que saques de ese negocio y recibas de él como si fuera un deudor que paga gradualmente. Por lo tanto, en cualquier momento que lo desees, puedes ver cómo funciona la tienda, es decir, con ganancias o pérdidas, por lo que sabrás qué tendrás que hacer y cómo lo harás. Son muchos

---

[56] Nota del Traductor: En este capítulo Pacioli explica la contabilidad de un comerciante que no tiene su establecimiento en el mismo lugar de su casa.

los que en sus libros cargan todo al gerente de la tienda. Esto, sin embargo, no se puede hacer correctamente sin el consentimiento de esa persona, porque nunca se puede registrar en tus libros como deudor a ninguna persona sin que él lo sepa, ni registrarlo como acreedor bajo ciertas condiciones sin su consentimiento. Si hicieras estas cosas, no sería correcto y tus libros se considerarían incorrectos.

En cuanto a todos los equipos e inventario que podrías colocar en una tienda puedes ponerte como ejemplo los medicamentos en caso de que tengas una farmacia. En esa farmacia tendrías jarrones, ollas para hervir, utensilios de cobre, con los que trabajarías y deberás registrar todo esto como mobiliario. Así que todas las cosas que registrarás, y el que está a la cabeza de la tienda hará un inventario adecuado de todas estas cosas con su propia letra o con la letra de otra persona. Y esto será suficiente para una tienda cuya gestión puede haberse entregado a un tercero o a tus empleados.

Pero si quieres dirigir la tienda tú mismo, harás lo que te diré. Supongamos que compras y haces todos tus negocios a través de la tienda y no tienes que ocuparte de ningún otro negocio, entonces debes llevar los libros como he dicho antes. Debes acreditar a todos aquellos que te venden productos a plazo, si compras a plazo, o acreditar efectivo si compras vía cash; y si vendes al detal, si las cantidades de dinero son pequeñas, guardarás todo el dinero en un pequeño cajón o caja de la que lo tomarás después de ocho o diez días, y deberás cargar esta cantidad a efectivo y acreditar a la tienda usando la entrada siguiente:

Mercancía por venta de mercancías, para las cuales deberás haber mantenido una cuenta, y así sucesivamente. No voy a hablar de esto porque ya te he dado suficiente explicación previamente y sabes cómo seguir adelante en el momento. Porque las cuentas no son otra cosa que la expresión por escrito de la disposición de tus asuntos, y que el comerciante mantiene en su mente, y si sigue este sistema, siempre sabrá todo sobre su naturaleza y sabrás exactamente si tu negocio va bien o no. Por lo tanto, surge el proverbio: Si estás en un negocio y no lo sabes todo sobre el mismo tu dinero volará como moscas, es decir, lo perderás. Y de acuerdo con las circunstancias, puedes remediar lo que se debe remediar; por ejemplo, si es necesario, puedes abrir otras cuentas. Y esto será suficiente para ti.

Capítulo 24

La forma de registrar en el diario y en el mayor tus transacciones bancarias, las letras de cambio y la razón por la que estos documentos vienen en duplicados.

Con respecto a los bancos, que puedes encontrar en Venecia, en Brujas, en Amberes, Barcelona y otros lugares bien conocidos por el mundo comercial, debes llevar tus cuentas con ellos con la mayor diligencia.

Es regla general establecer conexiones con un banco. Por ejemplo, puedes dejar tu dinero en el banco como un lugar de mayor seguridad, o puedes mantener tu dinero en el banco como depósito para hacer de allí tus pagos diarios a terceros. El documento que te den es como un instrumento de notario público, porque están regulados por el Estado.

Si pones dinero en el banco, entonces deberás debitar el banco y deberás acreditar tu efectivo y hacer las entradas en el Diario de la siguiente manera:

Per Banco // A efectivo. Efectivo depositado con tal y tal por mí, u otros, por mi cuenta, en este día con el valor de _____.

Y pedirás que el banquero te dé un documento de registro escrito a tu nombre; Si realizas otros depósitos, deberás hacer lo mismo. Si te permites sacar dinero, el banquero te pedirá que escribas un recibo; de esta manera, las cosas se mantendrán siempre claras.

Es cierto que a veces no se da este tipo de recibo, porque, como decíamos, los libros del banco son siempre públicos y auténticos; pero es mejor exigir que se escriba, porque, como te he dicho, las cosas no pueden ser demasiado claras para el comerciante.

Si deseas mantener esta cuenta a nombre de los propietarios o socios del banco, puedes hacerlo, ya que es lo mismo, ya que, si abres la cuenta a nombre del banco, por el banco significa los propietarios o los socios. Si lo guardas bajo el nombre de los dueños, dirás de esta manera:

Per el Sr. _____, banquero, y asociados (si hay muchos dueños en el banco), // A efectivo, y aquí escribe como arriba.

En tus libros siempre mencionarás todos los acuerdos, las condiciones que podrían tener; también los instrumentos de escritura y los lugares donde los guardas, ya sea una caja de archivo, una bolsa o un cofre, para que puedas encontrarlos fácilmente, ya que estos documentos deben ser guardados diligentemente para un memorial eterno de la transacción *(ad perpetuam memoriam)* a causa de los peligros.

Como puedes tener varias relaciones comerciales diferentes con los banqueros para ti o para terceros, debes mantener varias cuentas con ellos para que no mezcles una cosa con otra, y evites confusiones, y en tus entradas debes decir: y tal cosa, o a causa de tal y tal, o a cuenta de bienes, o a cuenta de dinero depositado a su nombre o a nombre de otros, como hemos dicho. Y tú sabrás cómo hacer estas entradas. De la misma manera, procederás en caso de que otros te entreguen dinero de terceros; En ese caso debitarás al banco, indicando si fue en parte o en su totalidad, etc., y acreditarás a la persona que te dio el dinero[57]. Esto será suficiente para hacer un buen registro.

Cuando debas retirar dinero de un banco, ya sea para pagar a alguien como parte del pago o el pago en su totalidad, o para hacer una remesa a partes en otros países, deberás hacer en tu caso justo lo contrario, lo que es decir, si retiras dinero, deberás debitar cash y acreditar al banco o a los propietarios del banco por la cantidad que se ha retirado; y si das una orden en el banco para otra persona, cobras esta parte y acreditas al banco o a los propietarios del banco por esa cantidad. Deberás registrar la partida de efectivo en tu Diario de la siguiente manera:

Per efectivo // A banco, o el Sr. _____ [58], por dinero en efectivo que en este día o en tal y tal día retiré por mi necesidad, con el valor de _____.

Y si tienes que emitir una orden de pago a alguien registrarás lo siguiente:

Per Martina en tal y tal día // A ídem para ídem para efectivo, etc., por el valor de _____, para los cuales di una orden, en parte o en pago completo o para

---

[57] Nota del Traductor: En este caso Pacioli menciona los casos en los que deposites dinero en el banco a cuenta de un tercero.
[58] Nota del Traductor: Aquí Pacioli indica que puedes usar el nombre del dueño del banco y por esto empezamos con la abreviatura Sr y el espacio en blanco.

un préstamo, etc., en el día ; por el valor de
_____ :

Cada vez que transfieras las entradas del Diario al Libro Mayor, también deberás registrarlas en el Índice y cancelarlas, como te he mostrado, agregando más o menos palabras de acuerdo con los hechos del caso.

Debes hacer lo mismo en caso de que quieras enviar remesas de dinero a otro lugar, como a Londres, Brujas, Roma, Lyon, etc. Deberás mencionar en la requisición que hagas al banco los términos, condiciones, etc., si estos giros están a la vista o en una fecha determinada o a gusto del pagador, como es habitual, mencionando también si se trata de un primer, segundo, tercer giro, etc., para que no se produzca ningún malentendido con el corresponsal bancario, mencionando también el tipo de dinero que extraes o transmites, el valor de giro, la comisión, los costos e intereses que podrían seguir a una protesta[59].

Tengo que decirte cómo tienes que proceder al tratar con un banco. Si, por el contrario, eres el banquero, tienes que hacer de la manera opuesta *(mutatis mutandis);* Cuando pagas le das débito a la persona a la que le pagas y acreditas a cash. Si uno de tus acreedores, sin sacar dinero, emitiera un giro a otra persona, deberás decir en el Diario lo siguiente: Per ese acreedor tuyo // A el hombre a quien se le asignó el dinero. De esta manera, simplemente haces que la transferencia de uno permanezca como deudor y actúe como intermediario, como testigo o agente de las dos

---

[59] <u>Nota del Traductor</u>: Protesta en el sentido de reclamo al banco.

partes. Por el costo de la tinta, papel, alquiler, problemas y tiempo obtienes una comisión, que siempre es legal recibirla, aunque a través de un giro no hay riesgo de estar viajando, osea el riesgo es transferido a terceros, etc., como en los intercambios reales, de los que hemos hablado en su lugar. Si eres banquero, cada vez que cierres una cuenta con tus acreedores, siempre ten presente recuperar todos los papeles, documentos u otros escritos de tu puño y letra. Cuando emitas cualquier documento de este tipo, siempre regístralo en tus libros para que cuando llegue el momento recuerdes pedirlos y destruirlos para que nadie más los tenga. No vaya a pasar que aparezca alguien con esos papeles y te pida el dinero por segunda vez. Siempre debes exigir recibos como lo hacen aquellos que están acostumbrados a este tipo de negocios. Porque la costumbre es esta: Si, por ejemplo, vienes de Ginebra a Venecia con una orden de pago sobre los Sres. Giovanni Frescobaldi & Co., de Florencia, esta orden podría estar a la vista o en una fecha determinada o a requerimiento, y el monto es, por decirlo de cien ducados, entonces los dichos señores Giovanni & Co., cuando honren el giro y te entreguen el dinero en efectivo, te pedirán que entregues dos recibos escritos de tu puño y letra, y si no sabes firmar debe existir, cómo testigo un tercero o un notario público que emita este documento. Él no quedará satisfecho con una sola copia porque tiene que enviar uno al banquero de Ginebra, quien le escribió para pagarte a ti los cien ducados por cuenta de él, y esto lo hará solo para demostrar que cumplió con su solicitud y para este propósito enviará al otro banquero una carta adjuntando tu recibo escrito de tu puño y letra. El otro recibo lo guardarás para sí mismo en el archivo para que al balancear con el otro banquero, el banquero no pueda negar la transacción, y si vas a Ginebra no podrías reclamarle a él ni a Sr. Giovanni porque si le reclamas, él te mostraría tu recibo escrito por ti mismo y no te comportarías en forma honesta frente a él. Todas estas precauciones deben tomarse necesariamente por la mala fe de los tiempos presentes. De estas transacciones deben hacerse dos registros en el Libro Mayor, una anotación en la cuenta con el Sr. Giovanni, en la que cargarás al librador de la orden de pago, la otra entrada en la cuenta de tu corresponsal en Ginebra, acreditando al Sr. Giovanni con 100 ducados pagados a través del giro. Este es el método que los banqueros de todo el mundo mantienen para que su transacción pueda parecer clara; por lo tanto, tendrás que tomarte algunas molestias de tu parte y tratar de ingresar cada cosa en su propio lugar tendiendo mucho cuidado.

Capítulo 25

La cuenta de Ingresos y Gastos[60] (personales del comerciante) llevada en el mayor. Razones por las que algunos la llevan en forma separada.

Algunos llevan en sus libros, una cuenta llamada Ingresos y Gastos, en la que registran cosas extraordinarias, o cualquier otra cosa que consideren apropiada; otros llevan una cuenta que le llaman ingresos o gastos extraordinarios y en ella registran regalos y otros entradas y salidas no recurrentes que reciben o dan. Esta cuenta la mantienen cargando al crédito y débito, y luego, al final del año, determinan el resultado que será una ganancia o una pérdida y este saldo lo transfieren al capital, como comprenderás cuando hablemos del balance. Pero realmente la cuenta que hemos llamado "gastos de la casa del accionista" es suficiente para todo esto a menos que alguien quiera llevar una cuenta separada para su propia curiosidad, pero no añade mucho valor hacerlo y se pierde la posibilidad de llevar las cosas lo más brevemente

---

[60] Nota del Traductor: Pacioli habla en este capítulo de los ingresos y gastos del comerciante a título personal.

posible. En otros lugares es costumbre mantener la cuenta de ingresos y gastos en un libro separado que se balancea cuando se cierran los libros autenticados y todos los demás asuntos. Esta no es una mala práctica, pero requiere más trabajo que sencillamente llevar una sóla cuenta.

Capítulo 26

Los registros que deben realizarse por los viajes de negocios.

Los viajes se realizan generalmente de dos maneras, ya sea personalmente o a través de otra persona; por lo tanto, dos son las formas de llevar sus cuentas y el libro siempre debe estar por duplicado si el viaje es realizado personalmente o está a cargo de otra persona. Uno de los libros (del viaje)[61] se guarda en casa y el otro se lleva y se registra en el viaje. Si realizas el viaje tú mismo, para tener orden, debes llevar un nuevo inventario, también un pequeño libro mayor y un pequeño diario entre las cosas que llevas contigo y seguir las instrucciones dadas anteriormente. Si vendes o compra o intercambias, debes cobrar y acreditar de acuerdo con los hechos, personas, bienes, efectivo, capital de viaje, ganancias y pérdidas de viaje, etc. Esta es la mejor práctica, no importa lo que otras personas puedan decir. Puedes llevar una cuenta con la casa mercantil que te proporciona los bienes que llevas en el viaje. En este caso, deberás acreditar dicha casa en tu pequeño libro

---

[61] Pacioli describe lo que hoy llamaríamos un auxiliar.

mayor y registrar los diferentes bienes uno por uno. De esta manera, abrirías tus cuentas de la casa mercantil, la cuenta de capital, etc., como en tus libros principales, y al regresar sano y salvo, regresarías a la casa mercantil a los bienes a cambio de aquellos que tomaste o el dinero, y cerrarías las cuentas con la entrada en tu libro mayor en la partida de ganancias o pérdidas. De esta manera tu negocio estará claro. Sin embargo, si confías el viaje a un tercero, entonces debes encargar a esta parte todos los bienes que le confías, diciendo: Por viaje confiado a tal y tal, etc., y tú debes llevar una cuenta con él, como si fuera uno de tus clientes, para todos los bienes y dineros, debes mantener cuentas separadas, etc., y él por su parte establecerá un pequeño libro mayor en el que él te hace acreedor de todo. Cuando regreses, se balanceará esta cuenta con la tuya; y si tu vendedor de viajes...[62]

---

[62] Nota del Traductor: Geijsbeek agrega entre paréntesis: "la oración permanece inacabada en el original". Pietro Crivelli indica lo mismo. Brown y Johnston también lo dicen. Lo mismo indica Esteban Hernández Esteve en su traducción al español. Este último también menciona a Carlo Antinori que coincide con él en una traducción al italiano moderno. Otros como Jeremy Cripps no ven problema con esta terminación y lo atribuyen a un sentido claro en lo que dice Pacioli por lo que no necesitaba acabar la frase.

Capítulo 27

La cuenta de ganancias y pérdidas, cómo mantenerlas en el mayor y porqué no se llevan en el diario.

Después de estas cuentas, debe seguir una de Ganancias y Pérdidas que se nombra de varias maneras, según las diferentes localidades[63]. Estas cuentas en el Libro Mayor tienen saldos, como mostraremos cuando hablemos del balance de prueba. No debes registrar estas entradas en el Diario, sino solo en el Libro mayor, ya que se originan en saldos resultantes en los débitos y créditos, y no en transacciones reales.

Deberás registrar esta cuenta de la siguiente manera:

Débito de pérdidas y ganancias, y crédito de pérdidas y ganancias.

Es decir, si hubieras sufrido una pérdida en una línea de tu mercancía y en esta cuenta en tu libro mayor se mostraría menos en el crédito que en el débito, entonces

---

[63] Nota del Traductor: Pacioli menciona los distintos nombres que esta cuenta tenía en varios lugares.

agregarás la diferencia (saldo) al crédito para balancearla, y deberás registrar lo siguiente:

Crédito, Per Ganancias y Pérdidas, la siguiente cantidad _____, que introduzco para balancear la cuenta por la pérdida sostenida -y así sucesivamente-, y marcarás la página de la cuenta de pérdidas y ganancias donde anotes la entrada. Luego ve a la cuenta de pérdidas y ganancias y en la columna de débito deberás ingresar lo siguiente:

Débito, pérdidas y ganancias, en este día, a tal y tal pérdida sufrida, la cantidad de _____ - que se ha ingresado en el crédito de dicha cuenta de mercancía con el fin de balancearla en la página número _____.
Si la cuenta de esta mercancía mostrara una ganancia, en lugar de pérdida, es decir, más en el crédito que en el débito, entonces procederás de la manera opuesta. Lo mismo debes hacer uno por uno para todas las cuentas con mercancía o cosas diferentes, ya sea que muestren buenos o malos resultados, de modo que tu Libro Mayor siempre muestre las cuentas balanceadas, es decir, tanto en el débito como en el crédito. Esta es la condición en la que estará el Ledger si está registrado en forma correcta, como te explicaré cuando hablé del saldo. De esta manera verás en un vistazo si estás ganando o perdiendo, y en qué cantidad. Y esta cuenta debe ser transferida para su cierre (saldo) a la cuenta de capital que es siempre el último registro en todos los libros de contabilidad y, en consecuencia, es el receptáculo de todas las demás cuentas, como comprenderás.

Capítulo 28

Cómo trasladar los saldos en el mayor cando ya no tengas espacio en los mismos, sin perder información.

Debes saber que cuando se ha llenado[64] una cuenta ya sea en el débito o en el crédito, y no puedas hacer más entradas en el espacio para dicha cuenta, debes llevar de inmediato este saldo a una página después de todas tus otras cuentas, de modo que no quede espacio en el Libro Mayor entre esta cuenta transferida y la última de las otras cuentas. Si no lo haces se consideraría un fraude. Debes transferir este saldo de la misma forma en que he explicado con anterioridad al escribir sobre el balance de pérdidas y ganancias.

Al realizar esta transferencia de saldo sólo debes hacer entradas en el débito y crédito, sin hacer ninguna anotación en el Diario; sin embargo, si de todas maneras quieres hacer un registro en el Diario de esta transferencia lo podrías hacer y no estarías cometiendo ningún error, aún cuando esto no es necesario y estarías llenándote de problemas sin necesidad. Todo lo que se

---

[64] Nota del Traductor: Pacioli se refiere a momentos en los que se llenaba la página física de papel.

necesita hacer es aumentar la cantidad más pequeña, es decir, si la cuenta aparece más en el débito que en el crédito, debes agregar la diferencia al crédito. Te daré, ahora, un ejemplo de una de estas transferencias:

Supongamos que Martino ha tenido una cuenta larga contigo de varias transacciones, por lo que su cuenta debe transferirse del libro mayor, en su página 30. Supongamos además que la última cuenta de tu libro está en la página 60, y está en la parte superior de dicha página, de modo que en la misma página hay espacio suficiente para transferir la cuenta de Martino. Supongamos que hay en el lado del débito la cantidad de _____; y el crédito muestra que te ha dado la suma de _____ [65].

Deduciendo el crédito del débito, hay una diferencia producto de esta resta de la siguiente cantidad _____. Esta es la cantidad que debe ser llevada al lado de débito de la nueva página, y en la página anterior debe agregar la misma cantidad en la columna de crédito para que sea balanceada, indicando lo siguiente:

En tal y tal día, etc., yo mismo, llevó esta cantidad al lado del débito como un saldo, y la misma cantidad que ingreso aquí por cierre de esa cuenta y su saldo, es decir la suma de _____. Véase en la página 60.

Y deberás cancelar la cuenta tanto en el lado del débito como del crédito con una línea diagonal. Después de eso, irás a la página 60 y deberás ingresar en la columna de débito el saldo, siempre anotando en la parte superior de la página el año, si no se ha mencionado ya, como se

---

[65] <u>Nota del Traductor</u>: Pacioli en esta cantidad pone las cantidades en Lira, Soldi, etc.

ha dicho anteriormente. Deberás registrar allí de la siguiente manera:

Débito de Martino en tal o cual día hecho por mí mismo, según el saldo resultante de la resta tomado de la página de su cuenta anterior y allí ingresado por cierre (saldo), ver página 30 con la cantidad de _____.

Esta es la forma de proceder con todas las cuentas cuyo saldo debes transferir: Colócalas, como te he dicho, sin dejar ningún espacio en el medio. Las cuentas deben abrirse en el lugar en que se originan en tal lugar y en ese momento, para que nadie pueda hablar mal de ti.

Capítulo 29

Cómo cambiar el año en el Mayor entre dos entradas sucesivas, en los casos en los que los libros no se cierran en forma anual.

Puede ser que deba cambiar el año en tus cuentas contables antes de balancearlo. En este caso, debes escribir el año en el margen antes de la primera entrada del nuevo año, como se ha dicho anteriormente en el Capítulo 15; Debe entenderse que todas las entradas siguientes se produjeron durante ese año.

Pero siempre es bueno cerrar los libros cada año, especialmente si eres socio de otros. El proverbio dice: La contabilidad frecuente hace amistades largas. Así lo harás en casos similares.

Capítulo 30

Cómo emitir un estado de cuenta a un cliente o a tu jefe en el caso en que seas el administrador de un negocio.

Además, debes saber cómo hacer un resumen o un estado de cuenta si tu deudor lo solicita. Este es una petición que no se puede rechazar, especialmente si tu deudor ha tenido una cuenta contigo durante años o meses. En este caso, debes retroceder al momento en que comenzó a tener transacciones contigo, o al momento a partir del cual desea tener su estado de cuenta, en caso de que haya tenido liquidaciones anteriores. Y deberías hacer esto voluntariamente. Debes copiar todas sus transacciones en una hoja de papel lo suficientemente grande como para contenerlo todo. Si es muy largo el estado de cuenta, llevarás un saldo al final de la página a la siguiente. En débito o crédito, al otro lado de la hoja, como te dije en el capítulo 28. Y así sucesivamente, hasta el final de la cuenta, y al final debes reducir toda la cuenta al neto en una sola entrada en débito o crédito, según los hechos. Estos documentos deben hacerse con mucho cuidado.

La siguiente es la forma en que debes proceder para ajustar tu propio negocio con el negocio de tu empleador. Pero si debes actuar para otros como agente o comisionado, entonces harás una declaración para tu mandante tal como aparece en el libro mayor, acreditándote a tí mismo de vez en cuando con tus comisiones de acuerdo con tus acuerdos con el mandante. Luego, al final, te cobrarás el resto neto, o te acreditarás a ti mismo si tuvieras que poner dinero propio. Tu mandante luego revisará esta declaración, la comparará con su propio libro, y si la encuentra correcta, confiará más en ti. Por esta razón, de todas las cosas que te dio o envió, debes con tu propia letra mantener una cuenta ordenada cuando las recibas. Observa esto cuidadosamente. Por el contrario, si tú eres el empresario, puedes pedir que tus gerentes o comisionados lleven estos registros para ti. Pero antes de que estos estados de cuenta sean entregados, deben compararse cuidadosamente con cada entrada en el Libro Mayor, Diario y Libro de Memorandos, o con cualquier otro documento relacionado con ellos, de modo que no haya errores entre las partes.

Capítulo 31

Cómo corregir errores y omisiones.

El buen contador también tiene que saber cómo corregir registros que se hayan hecho en forma errada al ponerlas en el débito cuando debieron ir en el crédito o cuando las pones a la cuenta del Señor Martino cuando debieron ir en la cuenta del Señor Giovanni[66].

Porque a veces no se puede ser tan diligente y se van a cometer errores. El proverbio dice: El que no hace nada, no se equivoca; el que no se equivoca aprende nada.

Y deberás corregir esta entrada de la siguiente manera: Si hubieras colocado esta entrada en la columna de débito, debes hacer una entrada igual en la columna de crédito. Y dirás así: En tal y tal día por la cantidad que se ha presentado aquí bajo el débito y debería haberse puesto en el crédito, ver página _____, etc., y deberás anotar en la columna de figuras la cantidad de _____ que escribiste por error en la otra columna. Delante de estas dos entradas deberás marcar una cruz o cualquier otra

---

[66] Nota del Traductor: En este párrafo Pacioli menciona la palabra italiana que se usaba en la Florencia de su época.

marca para que cuando hagas un resumen o estado de cuenta dejes estas entradas fuera de la suma. Después de haber hecho esta corrección, es como si no hubieras escrito nada en la columna de débito. Luego haces la entrada en la columna de crédito como debería haber sido y todo será como debería haber sido.

Capítulo 32

Forma de cerrar el Mayor General y cómo se llevan los saldos a un nuevo Mayor General.

Después de todo lo que hemos dicho, debes saber ahora cómo llevar las cuentas de un libro mayor a otro si deseas aperturar un nuevo libro mayor por la razón de que el antiguo está lleno, o porque comienza otro año, como es costumbre en los lugares más conocidos, especialmente en Milán donde los grandes comerciantes renuevan cada año su Libro Mayor.

Esta operación, junto con las operaciones de las que hablaremos, se llama balancear el Libro Mayor, y si quieres hacerlo bien debes hacerlo con mucha diligencia y orden. Es decir, primero debes conseguir un ayudante, ya que difícilmente podrías hacerlo solo. Le das el Diario para mayor precaución y mantendrás el libro mayor. Luego le dices, comenzando con la primera entrada en el Diario, que vaya a los números de las páginas de tu Libro Mayor donde se ha realizado esa entrada, primero en débito y luego en crédito.

En consecuencia, obedecerás a tu asistente cuando diga haber encontrado la página del Libro Mayor que él indica y le preguntarás qué clase de entrada es, es decir, para qué y para quién, y mirarás las páginas a las que se refiere para ver si encuentras el ítem y esa cuenta. Si la cantidad es la misma, indícaselo. Si lo encuentras allí igual que en el Diario, compruébalo y márcalo con una Δ o una ∇ o puntealo con cualquier marca en algún lugar, para que puedas verlo fácilmente. Pídele a tu ayudante que haga una marca similar, en el Diario en la misma entrada. Se debe tener cuidado de que ninguna entrada sea punteada ya sea por ti sin él, o por él sin ti, ya que se pueden cometer grandes errores. De lo contrario, una vez que la entrada está punteada, significa que es correcta. Lo mismo se hace al hacer estados de cuentas para sus deudores antes de entregarlos. Deberían haberse comparado con el Diario y el Mayor, o con cualquier otro escrito en el que se hayan registrado las entradas de la transacción, como hemos dicho en Capítulo 30.

Después de haber procedido de esta manera a través de todas las cuentas del Libro Mayor y el Diario y encontrado que los dos libros corresponden en débito y crédito, habrás comprobado que todas las cuentas son correctas y que las entradas se han introducido correctamente. Ten el cuidado de que tu ayudante marque cada entrada en el Diario con dos puntos o pequeñas lanzas; En el libro mayor se marca solo uno para cada entrada porque se sabe que para cada entrada en el Diario hay dos hechas en el Libro Mayor, por lo tanto, los dos puntos o lanzas.

Al hacer este balance, es bueno que marques en el Diario dos puntos o lanzas en la entrada que estés cotejando. Esto significará que la entrada está correcta en débito y crédito en el Libro mayor. Así que usa estas marcas en el Diario y ponlas en el débito y el crédito según corresponda. De cualquier manera que marques estará bien. Una marca en el Diario podría ser suficiente, esto es solo la marca de débito, porque entonces puede marcarse el lado del crédito, en la página del libro mayor donde se encuentra esa entrada, ya que esta página se menciona en la entrada de débito en su libro mayor. Entonces no será necesario que tu ayudante te indique esta página de crédito. De modo que al comparar solo el lado del débito con él, tú mismo podrías verificar el lado del crédito. Pero sería más conveniente para ti si procedes con tu ayudante de la manera mencionada anteriormente.

Después de que hayas terminado de marcar el Diario, si encuentras en el libro mayor una cuenta o entrada que no se haya marcado en débito o crédito, esto indicará que ha habido un error en el libro mayor, es decir, que esa entrada está errada, ya sea en el débito o en el crédito, y deberás corregir este error marcando una entrada por la misma cantidad en el lado opuesto, es decir, si la entrada errada estaba en el débito, realiza una entrada en el lado del crédito, o *viceversa*. Y cómo debes proceder a corregir el error que te he dicho en el capítulo anterior. Lo mismo se haría en caso de que tu ayudante encuentre una entrada que no hayas encontrado en la columna de débito o crédito, lo que también indicaría un error en el libro mayor y debería corregirse. Es decir, debes hacer esa entrada o abrir esa cuenta en el débito o crédito, mencionando las diferentes fechas, ya que la entrada se haría más tarde de lo que debería ser. Un buen tenedor de libros siempre debe mencionar por qué surgen tales diferencias, para que los libros estén por encima de toda sospecha; de esta forma, el notario público en sus instrumentos no necesitara mencionar lo que se ha agregado o se ha hecho. Por eso, el buen tenedor de libros debe actuar para que se mantenga la reputación mercantil.

Pero si dicha entrada debería haberse ingresado en un solo lado, débito o crédito, entonces sería suficiente que la pusieras donde falta, mencionando cómo sucedió por error, etc. Así que continuarás revisando todas tus cuentas y, si estás de acuerdo, sabrás que tu libro mayor es correcto y bien llevado.

Debes saber que se pueden encontrar en el Libro Mayor entradas que no están en el Diario y no se pueden encontrar en el Diario. Estas son la diferencia entre el débito y el crédito colocados allí para cerrar las diferentes cuentas cuando se trasladan sus saldos, como hemos dicho en el capítulo 28. De estos saldos, encontrarás sus asientos correspondientes en el Libro Mayor, ya sea en débito o crédito, en la página indicada en estas cuentas. Cuando encuentres cada entrada correlativa en su lugar correcto, puedes concluir que tu Libro Mayor está en el orden correcto.

Lo que hemos dicho hasta ahora acerca de comparar el libro mayor con el diario, debe observarse también al comparar el libro de memorandos o el libro de recortes con el diario, día a día, si se utiliza el libro de memorandos, de la manera en que hablé al comienzo de este tratado. Si tienes otros libros, deberías hacer lo mismo. El último libro a comparar debe ser el Ledger, y el antepenúltimo el Journal.

Capítulo 33

Cómo deben realizarse los registros mientras se están cerrando los libros. La razón por la que no se deben hacer entradas en los libros cuando se están cerrando.

Después de haber hecho y observado regularmente todos estos temas, asegúrate que no se hace ninguna nueva entrada en ningún libro que se presente antes del Libro Mayor, es decir, en el libro de memorandos y el Diario, porque el cierre de todos los libros debe entenderse que tiene lugar el mismo día. Pero si, mientras cierras tus libros, debes hacer transacciones, deberás ingresarlas en los nuevos libros a los que pretendes llevar los saldos de los antiguos, es decir, en el libro de memorandos o diario, pero no en el libro mayor, hasta que hayas llevado los saldos de todas las diferentes cuentas del antiguo libro mayor. Si aún no tienes un nuevo juego de libros, registrarás estas transacciones y sus respectivas explicaciones en una hoja de papel separada hasta que los libros estén listos. Cuando los nuevos libros estén listos, los ingresas en estos libros que llevarán nuevas marcas, si los viejos que estás cerrando estaban marcados con una cruz, entonces debes marcar estos nuevos con la letra mayúscula A.

Capítulo 34

Cómo deben cerrarse todas las cuentas del mayor y la preparación del balance de prueba.

Después de haber hecho esto cuidadosamente, deberás cerrar tus cuentas contables de esta manera: primero debes empezar con la cuenta de efectivo, luego con los diferentes deudores, luego con la mercancía y luego con tus clientes. Transfiere los saldos en el Libro Mayor A, es decir, en el nuevo Libro Mayor. Como he dicho anteriormente, no deberías transferir estos saldos en el nuevo Diario.

Deberás añadir todas las diferentes entradas en débito y en crédito, siempre añadiendo al lado más pequeño la diferencia, como te he dicho anteriormente al explicar las transferencias de saldos. Estas dos cuentas son prácticamente las mismas; la única diferencia es que en el primer caso el saldo se trasladó a otra página del mismo libro mayor, mientras que en este caso se puede trasladar de un libro mayor a otro libro mayor. Mientras que en primera instancia marcarías la nueva página del mismo libro mayor, en este caso marcarías la página del nuevo libro mayor;

Al hacer la transferencia de un libro mayor a otro, cualquier cuenta debe aparecer solo una vez en cada ledger. Esta es una peculiaridad de la última entrada de las cuentas de los libros mayores.

Al pasar los saldos, debes proceder de la siguiente manera: Supongamos que la cuenta del Sr. Martino tiene un saldo débito en el libro mayor que has marcado con una cruz en la página 60[67] de la siguiente cantidad _____, y deseas transferirlo al Libro Mayor A en la página 8 en débito; en el Libro Mayor marcado con la "Cruz" debes agregar a la columna de crédito y deberás poner lo siguiente:

En tal o cual día -anotando siempre el mismo día en el que no se cierra el balance- por mi mismo como se contabiliza en el libro mayor A al débito, por el saldo, que es la cantidad que agrego aquí para cerrar la cuenta y obtener el saldo de la misma; ver página 8[68] con la cantidad de _____.

Y luego cancelarás la cuenta en el débito y el crédito en diagonal, como te he dicho al hablar de la presentación de las cuentas. Luego anota el total de todas las entradas, tanto en el débito como en el crédito, para que el ojo pueda ver de un vistazo que todo está cuadrado. También deberás anotar en la nueva página en el Libro Mayor A, en la columna de débito, de la siguiente manera: Primero escribe en la parte superior de la página el año, y pones el día delante del lugar donde haces la entrada por la razón mencionada en el capítulo

---

[67] <u>Nota del Traductor</u>: Esta es la página 60 del libro que, en el ejemplo, usa Pacioli, no la página 60 de esta traducción.

[68] <u>Nota del Traductor</u>: Esta es la página 8 del libro que, en el ejemplo, usa Pacioli, no la página 8 de esta traducción.

15, luego dices, Sr. Martino fulano de tal, débito en tal y tal día por mí mismo según el saldo llevado de la marca de Cruz en el Ledger, que se ha agregado en la columna de crédito para cerrar el saldo, ver página 60[69], por el valor de: _____.

Por lo tanto, procederás con todas las cuentas del Libro Mayor que deseas pasar al Libro Mayor A: cuenta de efectivo, cuenta de capital, mercancías, bienes personales, bienes inmuebles, deudores, acreedores, oficinas públicas, corredores, pesadores públicos, etc., con quienes a veces tenemos cuentas muy largas. Pero en cuanto a aquellas cuentas que no deberías llevar al Libro A, como, por ejemplo, tus propias cuentas personales de las que no estás obligado a dar una cuenta a otro, como, por ejemplo, pequeños gastos mercantiles, gastos domésticos, ingresos y gastos y todos los gastos extraordinarios como alquileres. Todas estas cuentas deben cerrarse en el Libro Mayor marcado con la Cruz en la cuenta de ganancias o pérdidas, en saldo positivo o en déficit, o cuenta de ganancias y pérdida, como también se le llama. Deberás registrarlos en la columna de débito, ya que es raro que estas cuentas de gastos deban hacer algo en el lado del crédito. Como te he dicho a menudo, agrega la diferencia a la columna, ya sea débito o crédito, que muestra un total menor, diciendo: Por pérdida o ganancia en esta cuenta, ver página, etc. Al hacerlo, habrás cerrado todas estas cuentas diferentes en la cuenta de pérdidas y ganancias a través de las cuales, al agregar todos los débitos y todas las entradas de crédito, estarás en posibilidad de saber

---

[69] Nota del Traductor: Esta es la página 60 del libro que, en el ejemplo, usa Pacioli, no la página 60 de esta traducción.

cuál es tu ganancia o pérdida, ya que con este saldo se igualan todas las entradas; las cosas que debían deducirse se deducirán, y las cosas que deben añadirse se añadirán proporcionalmente en sus respectivos lugares. Si esta cuenta se muestra más en el débito que en el crédito, significa que has perdido esa cantidad en tu negocio desde que comenzó. Si el crédito es mayor que el débito, eso significa que en el mismo período de tiempo has ganado.

Después de saber, por el cierre de esta cuenta, cuál es su ganancia o pérdida, llevarás este saldo a la cuenta de capital en la que, al comienzo de tu negocio, registraste al hacer el inventario de todos tus bienes. Y cerrarás la cuenta de esta manera: Si estás en pérdida (que Dios guarde de pérdidas al que realmente vive como buen cristiano) entonces tienes que agregar al crédito de la manera habitual, diciendo: En tal y tal día, a la cuenta de Capital por razón de las pérdidas en esta cuenta, ver página tal y tal, por el siguiente valor _____. A continuación, deberás cancelar la cuenta con una línea diagonal en débito y crédito, y poner el importe total de todas las entradas en el débito, así como de las entradas de crédito, que deben dar igual en cantidad. Y luego, en la cuenta de capital, deberás anotar en la cuenta de débito: Capital débito en este mismo día, por cuenta de ajuste y pérdida a cuenta de las pérdidas de ese periodo. Abajo en la columna de crédito de dicha cuenta para poder cerrar la cuenta por el valor _____, etc.:

Si, en cambio, debe haber una ganancia, lo que sucederá cuando la cuenta de pérdidas y ganancias se muestre más en el crédito que en el débito, entonces debes agregar la diferencia al lado del débito para hacer la compensación, refiriéndose a la cuenta de capital y la página respectiva. Debe abonar la misma cantidad en la cuenta de capital, haciendo la entrada en el lado del crédito donde se hayan ingresado todos los demás bienes tuyos, personales o reales. Por lo tanto, de la cuenta de capital, que siempre debe ser la última cuenta en todo el Libro Mayor, siempre puedes conocer cuál es tu fortuna, sumando todos los débitos y todos los créditos, que has transferido en Libro mayor A.

Luego, esta cuenta de capital debe cerrarse y trasladarse con las otras cuentas al Libro Mayor A, ya sea en total o entrada por entrada. Puedes hacerlo de cualquier manera, pero es costumbre transferir solo la cantidad total, de modo que el valor total de tu inventario se muestre de un vistazo. No olvides numerar las páginas, después de lo cual ingresarás todas las diferentes cuentas en el alfabeto del Libro Mayor A, cada una en su propio lugar, como he dicho en el Capítulo 5, para que puedas encontrar muy fácilmente la cuenta que deseas. De esta manera, todo el primer libro mayor, y con él el diario y el libro de memorandos, se cierran.

Para que quede más claro que los libros eran correctos antes de dicho cierre, deberás resumir en una hoja de papel todos los totales de débito que aparecen en el Libro Mayor marcado con la cruz y colocarlos a la izquierda, luego deberás anotar todos los totales de créditos a la derecha. De todos estos totales de débito se hace una suma total que se llama total general (summa summarum), y del mismo modo se debe hacer una suma total de todos los totales de crédito, que también se llama total general (summa summarum). El primero es el total general de los débitos, y el segundo es el total general de los créditos. Ahora, si estos dos grandes totales son iguales, es decir, si uno es tanto como el otro, es decir, si los del débito y los del crédito son iguales, concluirás que tu libro mayor estaba muy bien llevado y cerrado, por la razón que te di en el capítulo 14. Pero si uno de los totales generales es mayor que el otro, eso indicará un error en tu Ledger, error que tendrás que buscar diligentemente con la inteligencia que Dios te dio y con la ayuda de lo que has leído. Es necesario para el buen comerciante, ya que, si no eres un buen tenedor de libros en tu negocio, seguirás buscando a tientas como un ciego y puedes encontrarte grandes pérdidas.

Por lo tanto, ten mucho cuidado y realiza todos los esfuerzos para ser un buen contador, como yo te he enseñado en este trabajo. Te he dado todas las reglas e indicado los lugares donde se puede encontrar todo, en la tabla de contenido que he colocado al comienzo de este trabajo.

De todas las cosas que por el momento he tratado, como te prometí en Capítulo 12, ahora te daré un resumen de las cosas más esenciales para te sean de ayuda y creo que te será muy útil.

Y recuerda orar a Dios por mí para que Su alabanza y gloria siempre pueda hacer el bien.

Capítulo 35

Cómo deben conservarse los papeles del comerciante, es decir, los manuscritos, cartas, sentencias judiciales y otros documentos importantes.

Aquí siguen la forma y las reglas para guardar documentos y manuscritos, como papeles relativos a pagos realizados, recibos o entrega de mercancías, cartas confidenciales, que son muy importantes para los comerciantes y, si se pierden, pueden causar un gran daño.

En primer lugar, hablaremos de cartas confidenciales que puedes escribir o recibir de tus clientes. Siempre debes guardarlos en un pequeño escritorio hasta fin de mes. Al final del mes, átalos todos juntos y guárdalos y escribe en el exterior de cada uno la fecha de recepción y la fecha de respuesta, y haz esto mes a mes, luego, al final del año, de todos estos documentos forma un gran paquete y escribe en él el año, y guardarlo. Cada vez que necesites una carta, puedes ir a estos paquetes.

Mantén en tu escritorio bolsas en las que colocar las cartas que tus amigos puedan darte para que las envíes con tus propias cartas. Si la carta debe ser enviada a Roma, ponla en la bolsa Cartas Roma, y si a Florencia, ponla en la bolsa de Florencia, etc. Y luego, cuando envíes a tu mensajero, pon estas cartas (de tus amigos) con las tuyas y envíaselas a tu corresponsal en esa ciudad en particular. Ser útil es siempre algo bueno, y es costumbre también dar una propina por ese buen servicio.

Debes tener varios compartimentos pequeños, o bolsos pequeños, tantos como lugares o ciudades en las que hagas negocios, como, por ejemplo, Roma, Florencia, Nápoles, Milán, Génova, Lyon, Londres, Brujas, etc., en cada pequeña bolsa escribirás su nombre propio, es decir, escribirás en una "Roma", en otra "Florencia", etc., y en estas bolsas pondrás las cartas que alguien pueda enviarte para que las envíes a esos lugares.

Cuando hayas contestado una carta y enviado la respuesta, deberás anotar el medio por la que la enviaste y el día, tal como lo hiciste cuando recibiste la carta.

En cuanto al día, nunca olvides marcarlo en ninguna de sus transacciones, ya sean pequeñas o grandes, y especialmente en cartas escritas en las que se deben mencionar estas cosas, a saber: el año, el día, el destinatario y tu nombre. Es costumbre poner el nombre al final del lado derecho en una esquina. Es costumbre entre los comerciantes escribir el año y el día y el lugar en la parte superior al comienzo de la carta. Pero primero, como buen cristiano, siempre debes recordar escribir el glorioso nombre de nuestro Salvador, es decir, el nombre de Jesús, o en su lugar la señal de la Santa Cruz, en cuyo nombre se haga siempre nuestra transacción, y haréis lo siguiente: Cruz 1494. En este día 17 de abril en Venecia.

Y luego continúa con lo que quieras decir, es decir, "Muy querida", etc. Pero los estudiantes y otras personas, como los monjes o sacerdotes, etc., que no están en el negocio, están acostumbrados a escribir el día y el año al final después de escribir la carta.

Los comerciantes están acostumbrados a poner en la parte superior como hemos dicho. Si hicieras lo contrario y no escribieras el día, habrá confusión y se burlarán de ti porque decimos que la carta que no lleva el día fue escrita durante la noche, y la carta que no lleva el lugar decimos que fue escrita en el mundo del otro, no en este; y además de que se burlarán de ti, habría molestia en el que lea la carta, y esto es peor, como yo he dicho.

Después de que hayas enviado tu respuesta, pones tu carta en el lugar que le corresponde; y lo que hemos dicho de una carta se aplicará a todas las demás cartas. Debo observar que cuando las cartas que envías son de importancia, primero debes hacer un registro de ellas en un libro que se guarda para este propósito específico. En este libro, la carta debe copiarse, palabra por palabra, si es de gran importancia, como, por ejemplo, las letras de cambio, o cartas de bienes enviados, etc., de lo contrario sólo se debe registrar la parte sustancial y hacerlo de manera similar a como lo hacemos en el libro de memorandos, de tal forma que digas: En este día, etc., hemos escrito a fulano de tal, etc., y le enviamos las siguientes noticias, etc., según la carta de tal y tal fecha que solicitó él o dio comisión para, etc., la carta la hemos colocado en tal y tal bolsa.

Después de haber sellado la carta en el exterior y haberla dirigido, es costumbre de muchos marcar en el exterior una marca especial, para que puedan saber que es correspondencia de un comerciante, porque se presta gran atención a los comerciantes, porque ellos son los que, como dijimos al principio de este tratado, sostienen a nuestras repúblicas.

Con este propósito, los Reverendísimos Cardenales hacen lo mismo, escribiendo su nombre en el exterior de su correspondencia para que nadie pueda apuntar como excusa de que no sabía de quién era la correspondencia. La correspondencia del Santo Padre sigue abierta para que se conozca su contenido, como bulas, privilegios, etc., aunque para las cosas que son más personales o confidenciales se utiliza el sello que representa al Pescador[70] para sellarlos.

Todas estas cartas, de mes a mes, año tras año, las juntarás en un paquete y las guardarás de manera ordenada en un cofre, mueble o armario. Cuando los recibas durante el día, ponlos a un lado en el mismo orden, para que si es necesario puedas encontrarlos más fácilmente; y no hablaré más de esto, ya que sé que lo has entendido.

Guardarás en un lugar más secreto, como cajas y cofres privados, todos los manuscritos de tus deudores que no te han pagado, como dije en el capítulo 17. Así mismo guarda los recibos en un lugar seguro para cualquier emergencia. Pero cuando debas pagar a otros, haz que la otra parte escriba el recibo en un libro de recibos,

---

[70] Nota del Traductor: Aquí Pacioli hace referencia a San Pedro de quien los católicos creen que desciende la autoridad del Papa.

como te dije al principio, para que un recibo no se pierda fácilmente o se extravíe.

Deberás hacer lo mismo en cuanto a los documentos importantes, como, por ejemplo, memorandos de los corredores, de los pesadores, o relativos a los bienes colocados o sacados de la misma. Las aduanas, ya sean terrestres o marítimas, y las sentencias o decretos de los cónsules o de otros funcionarios públicos, o toda clase de instrumentos notariales escritos en pergaminos que deban mantener en un lugar aparte. Lo mismo puede decirse de las copias de los instrumentos y documentos de abogados relativos a las demandas.

También es prudente tener un libro separado para los memorandos, que llamamos libro de memorandos, en el que día a día mantendrás un registro de las cosas que podrías tener miedo de olvidar y, si las olvidas, pueden resultar peligroso para ti. Todos los días, el último momento de la tarde, justo antes de ir a la cama, echarás un vistazo a este libro para ver si todo lo que debería haberse hecho ha sido hecho, etc., y cancelarás con tu pluma las cosas que se han hecho, y en este libro harás un registro de las cosas que has prestado a tu vecino o amigo durante uno o dos días, como, por ejemplo, almacenar jarrones, calderos o cualquier otra cosa.

Estas reglas, y las otras reglas muy útiles de las que he hablado antes, las sigues y, según las localidades y los tiempos, y podrás ir añadiendo u omitiendo alguna de estas prácticas como te parezca mejor, porque es imposible dar reglas para cada pequeña cosa en el negocio mercantil, como ya hemos dicho. El proverbio dice que necesitamos más puentes para hacer un comerciante de lo que un doctor en leyes puede hacer[71].

Si entiendes bien todas las cosas de las que he hablado hasta ahora, estoy seguro de que con tu inteligencia llevarás bien tu negocio.

---

[71] Nota del Traductor: El dicho de Pacioli no está claro para los traductores del texto, por lo que asumimos que es un modismo veneciano de su época.

Capítulo 36

Resumen de Reglas para mantener un Libro Mayor.

Todos los acreedores deben aparecer en el libro mayor a la derecha, y todos los deudores a la izquierda.

Todas las entradas realizadas en el libro mayor tienen que ser entradas dobles, es decir, si tú eres mi acreedor, debes hacerme a mi deudor.

Cada entrada en el débito o en el crédito debe contener tres cosas: el día, la cantidad y el motivo de la entrada.

El último nombre en la entrada del débito (en el libro mayor) debe ser el nombre en la entrada del crédito. El mismo día que realices la entrada de débito, debe hacer la entrada de crédito.

Por balance de prueba del Libro Mayor nos referimos a una hoja de papel doblada longitudinalmente en el medio, en la que anotamos todos los acreedores del Libro Mayor en el lado derecho y los deudores en el lado izquierdo. Vemos si el monto de los débitos es igual al de los créditos, y si es así, el Libro Mayor está cuadrado.

El balance de prueba del Libro Mayor debe ser igual - es decir, el total de los créditos, no digo acreedores - debe ser igual al total de los débitos, no digo deudores. Si no fueran iguales habría un error en el balance de prueba.

La cuenta de efectivo siempre debe tener saldo débito. Si fuera diferente el saldo, habría un error en el Ledger.

No debe ni puede hacer que ningún deudor en su libro sin el permiso o consentimiento de la persona que tiene que aparecer como deudor; Si lo hicieras, esa cuenta se consideraría falsa. Del mismo modo, no puedes agregar términos y condiciones a un crédito sin el permiso y consentimiento del acreedor. Si lo hicieras, esa afirmación sería falsa.

Los valores en el Libro Mayor deben ser expresados en una sóla moneda. En la explicación de las entradas, puedes mencionar las distintas monedas que estés usando pero al registrar la cantidad en la columna, siempre debes usar el mismo tipo de moneda en todo momento, es decir, el dinero que usas al principio debe ser el mismo durante todo el proceso de registro del Libro mayor.

Las entradas de débito o crédito de la cuenta de efectivo pueden abreviarse, si lo deseas, al no indicar el motivo del registro; tú puedes simplemente decir de tal y tal, para tal y tal, porque la razón de la entrada de cash se indica en la entrada opuesta.

Si se abre una nueva cuenta, debes usar una nueva página y no debes volver atrás, incluso si hubiera espacio suficiente para colocar la nueva cuenta. No debes escribir hacia atrás, sino siempre hacia adelante, es decir, avanzar como van los días, que nunca vuelven. Si haces lo contrario, el libro sería falso.

Si debes hacer una entrada en el libro mayor por un error que cometiste, como sucede a veces por distracción, y si quisieras corregirlo, harás lo siguiente: Marca con una cruz o con una "H" esa entrada en particular, y luego haz una entrada en el lado opuesto bajo la misma cuenta. Es decir, si la entrada errónea como en el lado del crédito - digamos, por ejemplo, para una cantidad - haces una entrada en el lado del débito, diciendo: Débito por la misma cantidad, para la entrada opuesta marcada que se corrige por la presente, porque se cometió por error y no debería haberse cometido. Luego marca con una cruz esta nueva entrada. Esto es todo.

Cuando los espacios dados a cualquier cuenta en particular estén todos llenos para que no se puedan hacer más entradas y desees llevar los saldos de esa cuenta a un espacio nuevo, hazlo de esta manera: Determina el saldo de esta cuenta, es decir, si tiene saldo débito o crédito. Ahora digamos que hay un saldo crédito de la siguiente cantidad _____. Debes escribir en el lado opuesto, sin mencionar ninguna fecha, de la siguiente manera: Débito la cantidad de _____, por el saldo de esta cuenta puede que será llevado al crédito en la página tal y tal. Dicha entrada debe marcarse en el margen, a saber: Ro, que significa saldo, pero esto no significa que sea una verdadera entrada de débito aunque esté en el lado del débito. Es más bien el crédito que se transfiere a través del lado del débito. Ahora debes pasar las páginas y seguir volteando hasta que encuentres una nueva página donde acredites esa cuenta nombrando la cuenta y haciendo una nueva entrada sin dejar ningún día. Y anotarás de la siguiente manera: Así y tal es el crédito de la cantidad siguiente _____, por el saldo de cuenta transferida desde la página tal y tal, y debe marcar esta entrada en el margen por *Ro*, que significa "saldo" y con esto se finaliza el registro.

De la misma manera, como te he mostrado, debes proceder si la cuenta tiene un saldo de débito, es decir, lo que ingresa en el lado del crédito debes transferirlo al lado del débito.

Cuando el libro mayor está todo lleno, o viejo, y deseas transferir los saldos a uno nuevo, procede de la siguiente manera: Primero debes ver si tu libro antiguo lleva una marca en su portada. Por ejemplo, una A. En este caso debes marcar el nuevo Ledger en el que quieres transferir el antiguo por B. Porque los libros de los mercaderes van por orden, uno tras otro, según las letras del alfabeto. Luego tienes que tomar el balance de prueba del libro antiguo y ver que están cuadrados. Del balance general debes copiar en el nuevo libro mayor todos los acreedores y deudores tal como aparecen en el balance de prueba, y hacer una cuenta separada para cada cantidad; y dejar a cada cuenta todo el espacio que puedas necesitar de cada uno. Y en cada cuenta de débito dirás: La cantidad siguiente _____ por el saldo en el libro antiguo marcado A, en la página tal y tal. Y en cada cuenta de crédito debes registrar: Por la cantidad siguiente _____ por saldo crédito en el libro antiguo marcado A, en la página tal. De esta manera, transfieres el libro mayor antiguo al nuevo. Ahora, para cancelar el libro antiguo, debes cancelar cada cuenta balanceando, según hemos hablado, es decir, si una cuenta del libro mayor anterior muestra un saldo crédito como saldo de prueba, te mostrará que debes debitar esta cuenta por la misma cantidad, diciendo, tanto queda en el crédito de esta cuenta, arrastrado en el crédito en el nuevo libro mayor marcado B, en la página tal y tal. De esta manera habrás cerrado el viejo Libro Mayor y abierto el nuevo para, como te he mostrado cómo hacer para un acreedor, lo mismo harás para un deudor, con esta diferencia, que mientras debitas una cuenta, que puede mostrar un saldo crédito, deberás acreditar la cuenta que tiene un saldo débito. Esto es todo.

Anexo I

Cosas que deben registrarse en los libros del comerciante

De todo el efectivo que puedas tener, si es tuyo, es decir, podría haberte sido heredado, o dado como subsidio del gobierno[72], te darás crédito a ti mismo, y darás débito al efectivo. En cuanto a todas las joyas o bienes que podrían ser suyos, es decir, que pueden haber sido obtenido a través de negocios o que podrían haberte sido dejados a través de un testamento o que se te han regalado, debes valorarlos en efectivo y hacer tantas cuentas como cosas haya y hacer cada débito diciendo: Para tantos, etc., de los cuales poseo en este día con la cantidad de _____ y registrados al crédito en la página siguiente _____. Y luego te haces acreedor de esa cuenta, que eres tú mismo con el importe de cada una de estas entradas. Pero recuerde que estas entradas no deben ser por menos de diez ducados, ya que las cosas pequeñas de poco valor no se registran en el Libro Mayor.

---

[72] Nota del Traductor: En el original Pacioli se refiere a regalos de un Príncipe, es decir de un gobernante.

De todos los bienes inmuebles que puedas poseer, como casas, tierras, tiendas, haz el débito en un valor en efectivo, y tú mismo serás el acreedor. Cómo te he dicho, todas las entradas deben tener tres cosas:

La fecha,

el valor,

y la razón.

Si tienes que comprar mercancía o cualquier otra cosa por dinero en efectivo, debes hacer un débito a esa mercancía y darle crédito al efectivo, y si dices, compré esa mercancía por dinero en efectivo, pero un banco proporcionará el efectivo, o un amigo mío lo hará, te responderé que de cualquier manera, debes hacer un débito de esa mercancía especial; pero donde te dije que acreditaras efectivo, deberías, en cambio, acreditar a ese banco o al que proporcionó el dinero.

Si compras mercancía o cualquier otra cosa, en parte por dinero en efectivo y en parte a plazo, debes hacer débito a esa mercancía, y hacer un acreedor de la parte a la que se la compró a tiempo y bajo las condiciones en la que se hizo, por ejemplo, una tercera parte cash, y el resto a un plazo de 6 meses. Después de esto, tendrás que hacer otra entrada, hacer un débito de la parte a la que lo compraste por la cantidad del efectivo que te ha dado por ese tercio, y hacer efectivo al acreedor o al banco que pagó por ti.

Si tienes que vender cualquier mercancía o cualquier otra cosa, debes proceder como se indica anteriormente, con la excepción de que debes proceder de la manera opuesta, es decir, donde te dije que cuando compras debe hacer el débito al inventario, cuando vendas tendrás que hacer que tu inventario sea crédito y cobrar a la cuenta de efectivo si se vende por dinero en efectivo, o cobrar al banco que podría haber prometido he pago. Y si haces una venta a tiempo, tendrás que cobrar a la parte a la que la vendiste el mismo tiempo, y si haces la venta en parte en efectivo y en parte a plazos, procederás como te he mostrado al explicar sobre la compra.

Si das mercancía a trueque, por ejemplo, digamos que he vendido 1.000 libras de lana inglesa a cambio de pimienta, por 2.000 libras de pimienta, te pregunto, ¿Cómo haremos este registro en el Libro Mayor?

Deberás hacer lo siguiente: Estimar cuál es el valor de la pimienta, a tu discreción, en efectivo. Ahora decimos que estimó 12 ducados por hectárea; Las 2.000 libras valdrían 210 ducados. Por lo tanto, deberás hacer que la lana sea un acreedor con 240 ducados, por cuya cantidad que la has vendido. Esta es la manera que debe seguir en todos los registros comerciales. Si has recibido 2,000 libras de pimienta valoradas en 240 ducados, deberás hacer que la pimienta sea un débito y anotar: Dicho deudor de pimienta en este día, ver página, etc.

Si prestas dinero en efectivo a tus amigos, deberás dar débito a tu amigo a quien se lo has dado y acreditar efectivo. Si tienes que pedir prestado dinero en efectivo de algún amigo, tendrás que debitar efectivo y acreditar a tu amigo.

Si recibes 8 o 10 o 20 ducados para asegurar un barco o una galera, o cualquier otra cosa, debes acreditar la cuenta "seguro de buque" y explicar todo al respecto: cómo, cuándo y dónde, y cuánto porcentaje; y debitarás la cuenta de efectivo.

Si alguien te enviara algún bien con instrucciones para venderlo o cambiarlo a comisión, te digo que tienes que debitar en el Libro Mayor esa mercancía perteneciente a tal y cual con el flete, o arancel, o para el almacenamiento, y crédito a cash. Deberás acreditar el efectivo que tengas que pagar a cuenta de los bienes: por ejemplo, efectivo pagado por transacciones o derechos, o corretaje, etc., y debitar la cuenta de los bienes por lo que has pagado en dinero.

Anexo II

Cosas que deben anotarse en la Agenda del Comerciante para no olvidarlas

Todos los bienes de la casa y de la tienda que posees, deben dejarse en orden, es decir, todas las cosas hechas de hierro, dejando espacio para hacer adiciones si es necesario; dejando espacio también para marcar en el margen las cosas que podrían perderse o venderse o darse como regalos o estropearse. Pero no me refiero a cosas pequeñas de poco valor.

Haz un registro de todas las cosas de latón por separado, como he dicho, y el registro de las cosas de estaño, y luego las cosas de madera, y las cosas de cobre, y luego las cosas de plata y oro, siempre dejando suficiente espacio entre cada clase para que puedes agregar algo si es necesario y dejar un memorándum de cualquier objeto que pueda faltar.

Todas las garantías u obligaciones o promesas de pago que puedas hacer a un amigo, explicando claramente todo.

Todos los bienes u otras cosas que puedan quedar bajo tu custodia, o que puedas pedir prestado a un amigo, así como todas las cosas que otros amigos tuyos puedan pedirte prestadas.

Todas las transacciones condicionales, es decir, compras y ventas, como, por ejemplo, un contrato que me enviarás por el próximo barco procedente de Inglaterra, una cantidad de lana; y cuando lo reciba, si llega bien la mercancía te pagarán una cantidad por cada bulto de lana, o de otra manera te enviarán algodón de calidad similar y de precio similar.

Todas las casas, terrenos, tiendas o joyas que podrías alquilar en tantos ducados y tantas liras por año. Y cuando cobras el alquiler, entonces el dinero debe ser ingresado en el Libro Mayor, como te he dicho.

Si prestaras joyas, plata o un jarrón de oro a algún amigo, digamos, por ejemplo, durante ocho o quince días, cosas como esta no deberían ser anotadas en el Libro Mayor, sino que deberían ser registradas en este libro o agenda de registro, porque en unos pocos días, las recuperarás. De la misma manera, si alguien te presta algo como las cosas mencionadas, no debes hacer ninguna entrada en el Libro Mayor, sino poner en la agenda o libro de memorandum, porque en poco tiempo tendrás que devolverlo.

Anexo III

Abreviaturas de las monedas usada por Pacioli[73]:

Nota del Traductor: Pacioli da la forma en la que se abrevian las monedas y fracciones que usaban en la Italia de su época. Estas monedas eran Lira, Soldi, Denari y Picioli. Estas monedas las abrevia Pacioli como L, S, D, P.

Pacioli pasa a realizar entradas en el débito y crédito del Mayor de la siguiente forma:

Cuenta del Mayor Ludovico hijo de Piero Forestani		Número de Página ___		
		Año 2023		
Fecha	Descripción de la Transacción	Ref	Dr	Cr
14 Nov	Préstamo realizado a Ludovico hijo de Piero de Forestani	2	100	
22 Nov	Francesco hijo de Cavalcanti prometió el pagó por Ludovico	3		50
22 Nov	Pago parcial del deudor	2		50

---

[73] Nota del Traductor: Pacioli usa la abreviatura L, S, D, P que son Lira, Soldi, Ducados, Picioli. Estas eran las monedas y sus fracciones en la Venecia que conoció Pacioli.

Cuenta del Mayor: Simone hijo de Alessio Bombeni

Número de Página: _____
Año: 2023

Fecha	Descripción de la Transacción	Ref	Dr	Cr
14 Nov	Préstamo realizado a Simone hijo de Piero de Alessio Bombeni	2	100	
14 Nov	Ludovico hijo de Piero Forestani pagó Simone	3		50
22 Nov	Pago parcial de Martino hijo de Pietro Foraboschi	2		50

Cuenta del Mayor: Martino hijo de Piero Foraboschi

Número de Página: _____
Año: 2023

Fecha	Descripción de la Transacción	Ref	Dr	Cr
14 nov	Simone hijo de Alessio Bombeni		50	
18 nov	Ludovico hijo de Piero Forestani			50

Cuenta del Mayor: Francesco, hijo de Antonio Cavalcanti

Número de Página: _____
Año: 2023

Fecha	Descripción de la Transacción	Ref	Dr	Cr
12 nov	Ludovico hijo de Piero Forestani		50	
22 nov	Simone hijo de Alessio Bombeni			50

Made in the USA
Columbia, SC
15 August 2024